escale à la nouvelle-orléans

et de
est la

Superficie: 900 km²

Population: 378 000 habitants (ville de La
Nouvelle-Orléans),
1,2 million (région métropolitaine)

Bâtiment le plus haut:
One Shell Square (212 m)

Fuseau horaire: UTC -6

ULYSSE

Crédits

Recherche et rédaction: Annie Gilbert, Frédérique Sauvée
Éditeur: Pierre Ledoux
Adjoints à l'édition: Christelle Blaquière, Julie Brodeur, Ambroise Gabriel
Correction: Pierre Daveluy
Conception graphique: Pascal Biet

Conception graphique de la page couverture et cartographie: Philippe Thomas
Mise en page: Judy Tan
Photographie de la page couverture: Musiciens de jazz © Alamy/LOOK Die Bildagentur der Fotografen GmbH

Cet ouvrage a été réalisé sous la direction de Claude Morneau.

Remerciements

Merci à Christine DeCuir du New Orleans Convention & Visitors Bureau, Paul Nevski du Monde Créole, Matthew King et Melanie Schmitt de La Belle Esplanade et Aurélie Saint-Sernin pour leur aide.

Guides de voyage Ulysse reconnaît l'aide financière du gouvernement du Canada par l'entremise du Fonds du livre du Canada (FLC) pour ses activités d'édition.

Guides de voyage Ulysse tient également à remercier le gouvernement du Québec – Programme de crédit d'impôt pour l'édition de livres – Gestion SODEC.

Guides de voyage Ulysse est membre de l'Association nationale des éditeurs de livres.

Note aux lecteurs

Tous les moyens possibles ont été pris pour que les renseignements contenus dans ce guide soient exacts au moment de mettre sous presse. Toutefois, des erreurs peuvent toujours se glisser, des omissions sont toujours possibles, des adresses peuvent disparaître, etc.; la responsabilité de l'éditeur ou des auteurs ne pourrait s'engager en cas de perte ou de dommage qui serait causé par une erreur ou une omission.

Écrivez-nous

Nous apprécions au plus haut point vos commentaires, précisions et suggestions, qui permettent l'amélioration constante de nos publications. Il nous fera plaisir d'offrir un de nos guides aux auteurs des meilleures contributions. Écrivez-nous à l'une des adresses suivantes, et indiquez le titre qu'il vous plairait de recevoir.

Guides de voyage Ulysse
4176, rue Saint-Denis, Montréal (Québec), Canada H2W 2M5, www.guidesulysse.com, texte@ulysse.ca

Les Guides de voyage Ulysse, sarl
127, rue Amelot, 75011 Paris, France, www.guidesulysse.com, voyage@ulysse.ca

Catalogage avant publication de Bibliothèque et Archives nationales du Québec et Bibliothèque et Archives Canada

Vedette principale au titre:
    Escale à La Nouvelle-Orléans
    Comprend un index.
    ISBN 978-2-89464-540-6
    1. La Nouvelle-Orléans (Louis.) - Guides.
    F379.N53E82 2015   917.63'350464   C2014-942238-5

© Guides de voyage Ulysse inc.
Tous droits réservés
Bibliothèque et Archives nationales du Québec
Dépôt légal – Troisième trimestre 2015
ISBN 978-2-89464-540-6 (version imprimée)
ISBN 978-2-76581-052-0 (version numérique PDF)
ISBN 978-2-76581-057-5 (version numérique ePub)
Imprimé en Italie

sommaire

↘

le meilleur de
la nouvelle-orléans

explorer la nouvelle-orléans

la nouvelle-orléans pratique

Mosaïque de cultures, de saveurs et de couleurs, La Nouvelle-Orléans est une ville fascinante qui ne ressemble à aucune autre. L'identité singulière de son cœur historique et des quartiers alentour puise son caractère dans une riche architecture coloniale façonnée tour à tour par la main des Français, des Espagnols et des Américains. Un métissage culturel qui prévaut toujours aujourd'hui dans tous les domaines qui distinguent La Nouvelle-Orléans, que ce soit la gastronomie, l'art ou, par-dessus tout, la musique.

«Laissez les bons temps rouler», comme s'amusent à dire ses habitants, et adoptez cette philosophie de vie nonchalante propre aux États américains du Sud. Si le Vieux Carré français est un excellent point de départ pour partir à la découverte des charmes de la ville, il ne faudrait pour rien au monde manquer d'explorer les quartiers voisins: le Faubourg Marigny, Tremé, le Garden District ou encore Mid-City et Uptown, tous accessibles à pied ou en *streetcar*. Ils offrent l'occasion d'en apprendre davantage sur les figures importantes de l'histoire de la ville, comme le pirate Jean Lafitte, le général Andrew Jackson, la prêtresse vaudoue Marie Laveau ou le célèbre trompettiste Louis Armstrong, tous des personnages légendaires qui participent à la renommée de cette ville colorée.

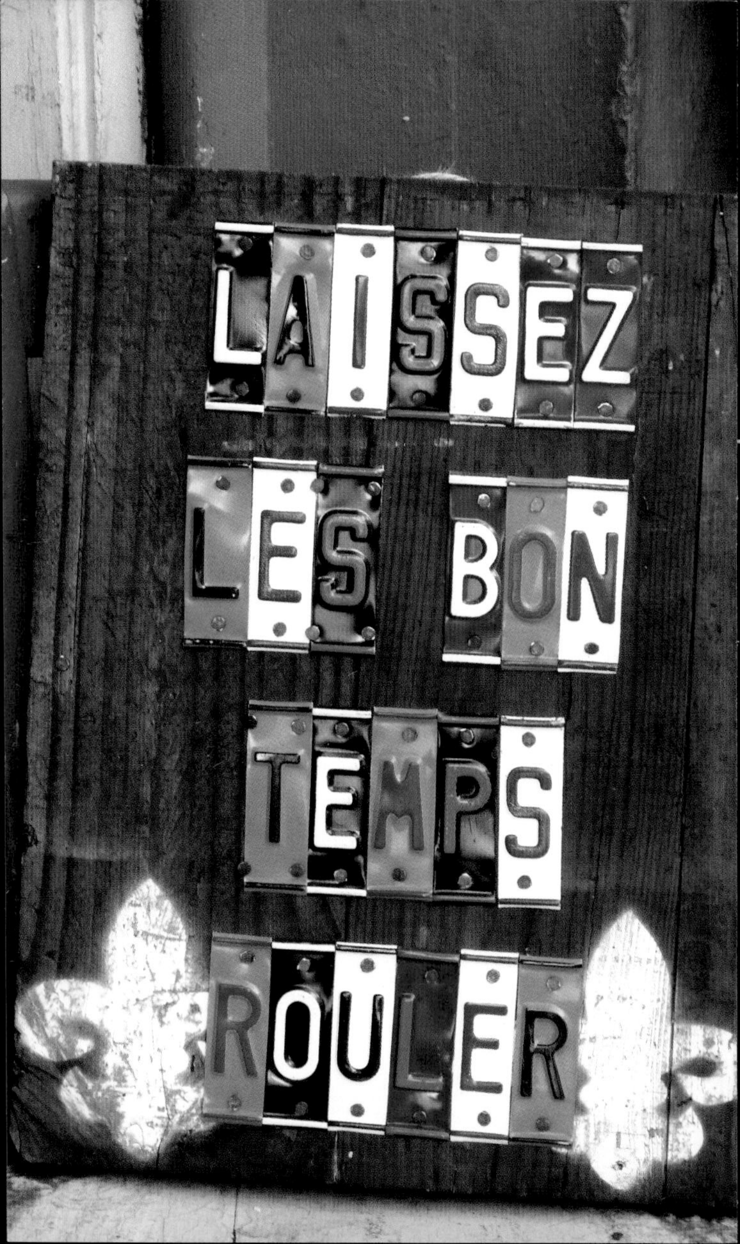
LAISSEZ
LES BON
TEMPS
ROULER

le meilleur de
la nouvelle-
orléans

la nouvelle-orléans

En **10** images emblématiques

3 Bourbon Street (p. 38)

1 Le Jackson Square (p. 28)

4 Le Saint Charles Avenue Streetcar (p. 80)

2 Les balcons en fer forgé du Vieux Carré français (p. 28)

5 Les bayous (p. 112, 116)

6 Le carnaval de Mardi Gras (p. 71)

7 Le Superdome (p. 72)

8 La gastronomie cajun et créole (p. 76, 142)

9 Le Steamboat *Natchez* (p. 41)

10 L'Oak Alley Plantation (p. 115)

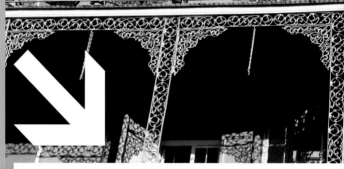

En quelques heures

↘ Se promener dans les rues du **Vieux Carré français** (French Quarter) (p. 28)

Pour sentir battre le pouls de ce quartier historique façonné par les Créoles.

↘ Faire une balade sur le Mississippi en bateau à aubes (p. 41, 70)

Pour admirer ce fleuve mythique, l'une des voies navigables les plus importantes d'Amérique du Nord.

↘ Se promener en soirée le long de Bourbon Street ou de Frenchmen Street (p. 38, 53)

Pour écouter les concerts des boîtes de jazz d'où s'échappent les mélodies de trompette.

En une journée

Ce qui précède plus…

↘ Arpenter les étals du French Market (p. 33)

Pour découvrir et savourer les spécialités culinaires de la Louisiane.

↘ Remonter dans le temps lors d'une visite du musée du Cabildo (p. 29)

Pour mieux comprendre l'histoire de la Louisiane et la fondation de La Nouvelle-Orléans.

↘ Monter à bord du tramway sur Saint Charles Avenue (p. 80)

Pour voir défiler la succession de somptueuses demeures du Garden District.

En un week-end

Ce qui précède plus...

↘ Participer à un atelier culinaire de la New Orleans School of Cooking (p. 49)

Pour tout apprendre de la gastronomie louisianaise en compagnie d'un chef local.

↘ Louer un canot ou un kayak sur le Bayou St. John (p. 104)

Pour se rafraîchir sur l'eau et profiter de la verdure du City Park voisin.

↘ Se rendre dans Magazine Street (p. 86)

Pour flâner devant les vitrines des boutiques de vêtements, à la terrasse des cafés ou encore à la table des restaurants de quartier.

↘ Faire une excursion sur la Great River Road (p. 114)

Pour visiter l'une des plantations de canne à sucre le long du Mississippi.

En **10** repères

1   Louis Armstrong

Ambassadeur du jazz à travers le monde, Louis Armstrong est certainement le musicien le plus célèbre de La Nouvelle-Orléans. Né en 1901, il apprend la trompette pendant son enfance, avant de faire partie d'un orchestre réputé qui offre des représentations sur les bateaux à aubes qui remontent le Mississippi. Il part pour Chicago puis New York et l'Europe, donnant en moyenne plus de 300 spectacles par an dans les années 1930. Artiste charismatique et infatigable, il jouera jusqu'à sa mort ou presque : il meurt le 6 juillet 1971, à New York, d'une crise cardiaque la nuit suivant son célèbre concert à l'Empire Room du Waldorf Astoria.

2   Bourbon Street

La rue Bourbon, certainement la plus connue de toutes les artères de La Nouvelle-Orléans, s'étend de l'ouest du Vieux-Carré français jusqu'au Faubourg Marigny, parallèlement au fleuve Mississippi. Nommée en l'honneur des Bourbons, famille du Roi-Soleil, Bourbon Street est depuis toujours une rue de spectacles, de défilés et de soirées alcoolisées. Fermée à la circulation automobile dès la nuit tombée, elle aligne bars, boîtes de jazz et discothèques sur 1,5 km.

3   Cajuns

Descendants des Acadiens exilés au XVIIIe siècle après l'épisode de la Déportation, les Cajuns forment une communauté ethnique singulière en Louisiane. Ils se sont installés dans les bayous de la Louisiane rurale et ont adapté leurs recettes, de tradition française, aux aliments de leur nouveau

territoire. Aujourd'hui, on retrouve également l'influence de la culture cajun dans le zydeco, un genre musical typique du sud de la Louisiane.

4 Colliers de perles

Accrochés dans les arbres ou aux jardinières du French Quarter, les «colliers de perles» font partie des symboles colorés de La Nouvelle-Orléans. Cette tradition qui remonterait au XIXe siècle veut que les participants du Mardi Gras lancent, depuis les chars du défilé, des colliers aux spectateurs amassés le long du convoi. Autrefois faits de billes de verre coloré, les colliers (de plastique) se vendent désormais à la douzaine pour quelques dollars dans les boutiques de souvenirs… et pas seulement lors des festivités du Mardi Gras.

5 *Katrina*

Si la totalité de La Nouvelle-Orléans n'a pas été sur la trajectoire directe de l'ouragan *Katrina*, la ville en a toutefois subi de dramatiques conséquences. Frappant les côtes du sud de la Louisiane le 29 août 2005, l'ouragan *Katrina*, l'un des plus puissants et des plus meurtriers cyclones de l'histoire des États-Unis, a été répertorié de catégorie 5 (la plus élevée), avec des vents de 240 km/h et un œil cyclonique de 40 km de large. De nombreux quartiers de La Nouvelle-Orléans ont été inondés et dévastés après la rupture des digues qui devaient les protéger, sauf le Vieux Carré français, qui, contrairement à la grande partie des autres secteurs de la ville, n'est pas bâti sous le niveau de la mer.

En **10** repères *(suite)*

6 Jean Lafitte

Le pirate Jean Lafitte a quitté son Pays basque natal pour le golfe du Mexique, dont il a écumé les eaux au début du XIXᵉ siècle. Ce flibustier haut en couleur a ensuite longtemps contrôlé la baie de Barataria, au beau milieu des bayous du sud de la Louisiane, un lieu de passage stratégique des navires dans le delta du Mississippi. Il est devenu un véritable personnage historique grâce à l'aide qu'il a apportée au général Andrew Jackson lors de la bataille de La Nouvelle-Orléans en 1815. Plusieurs bars et hôtels portent aujourd'hui son nom en ville.

7 Mississippi

Fleuve emblématique des États-Unis, le Mississippi traverse le pays du nord (Minnesota) au sud avant de se jeter dans le golfe du Mexique au travers d'un large delta. C'est sur l'un de ses méandres que La Nouvelle-Orléans est située, lui valant son surnom de *Crescent City* (ville du Croissant). Depuis les premiers peuplements de la région au XVIIIᵉ siècle, les habitants de La Nouvelle-Orléans ont multiplié les travaux d'endiguement afin de protéger leur ville des impressionnantes crues du fleuve.

8 Saint Charles Avenue Streetcar

Utiliser le *streetcar* est certainement la plus belle manière de se promener entre le Vieux Carré français et Uptown en passant par le Central

Business District et le Garden District. En service depuis 1835, les vieilles voitures vert olive de la ligne Saint Charles Avenue font partie des vedettes photogéniques de La Nouvelle-Orléans. On y monte 24 heures sur 24 pour la modique somme de 1,25$ (ayez la monnaie exacte!) pour suivre un parcours menant de Canal Street à Clairborne Avenue, le long de Saint Charles Avenue et de South Carrollton Avenue.

9 Sugar Bowl

Se déroulant au tout début de janvier, le Sugar Bowl est l'un des matchs de football les plus attendus au niveau universitaire américain. Il se déroule au Superdome, d'où, à la fin du match, les milliers de spectateurs déferlent dans les rues de la ville pour célébrer leur victoire… ou oublier leur défaite!

10 Vaudou

Gris-gris, poupées et talismans ornent les vitrines de nombreuses boutiques de souvenirs du French Quarter, qui profitent de la culture vaudoue de La Nouvelle-Orléans pour en faire des attrape-touristes fructueux. Venu d'Afrique de l'Ouest avec les femmes et les hommes noirs réduits en esclavage et conduits dans les plantations de canne à sucre d'Amérique, le culte vaudou continue d'être pratiqué dans les Caraïbes et en Louisiane, où se trouvent plusieurs lieux d'histoire et temples vaudous.

En **15** dates importantes

1 **1682:** l'explorateur français René-Robert Cavelier de La Salle séjourne à proximité du site actuel de La Nouvelle-Orléans lors de son expédition sur le Mississippi. Il y plante une croix déclarant ce territoire propriété du roi Louis XIV.

2 **1699:** né à Ville-Marie (aujourd'hui Montréal), Pierre Le Moyne, sieur d'Iberville, «redécouvre» et sécurise le delta du Mississippi.

3 **1718:** le deuxième gouverneur de Louisiane, Jean-Baptiste Le Moyne, sieur de Bienville (frère de Pierre Le Moyne), fonde La Nouvelle-Orléans.

4 **1755:** les premiers Acadiens s'installent en Louisiane à la suite du Grand Dérangement, un exil forcé de la part des Anglais. La grande majorité des déportés arriveront toutefois en 1763 et les années suivantes.

5 **1762:** dans le cadre du traité de Fontainebleau, Louis XV cède secrètement à l'Espagne La Nouvelle-Orléans et tout le territoire de la Louisiane situé à l'ouest du Mississippi.

6 **1794:** un important feu détruit une grande partie de La Nouvelle-Orléans. La brique remplacera le bois dans les nouvelles constructions.

7 **1800:** signature du traité secret de San Ildefonso, par lequel l'Espagne cède la Louisiane à la France.

8 **1803:** la France vend le territoire louisianais aux États-Unis.

9 **1812**: le *New Orleans*, premier bateau à vapeur à naviguer sur le Mississippi, arrive en Louisiane après un long voyage depuis Pittsburgh.

10 **1815**: bataille de La Nouvelle-Orléans, menée par le général Andrew Jackson face aux Britanniques. Les Américains doivent leur victoire à l'aide apportée par le flibustier Jean Lafitte et sa flotte navale.

11 **1884**: La Nouvelle-Orléans accueille l'Exposition universelle de l'industrie et du centenaire du coton. Cent ans plus tard, l'Exposition universelle de la Louisiane sera également présentée dans la ville.

12 **1892**: l'acte de désobéissance civile de Homer Plessy, un Créole noir ayant monté dans un tramway réservé aux Blancs, conduit à un procès d'envergure entérinant la doctrine raciale *Separate but equal* (Séparés mais égaux), qui a perduré jusque dans les années 1950 dans le sud des États-Unis.

13 **1901**: naissance de **Louis Armstrong**, trompettiste et jazzman de renommée mondiale.

14 **2005**: inondation dramatique de la ville à la suite de la rupture des digues après le passage de l'ouragan *Katrina*.

15 **2010**: pire marée noire de l'histoire américaine lors de l'explosion de la plate-forme pétrolière BP Deepwater Horizon au large des côtes de la Louisiane, dans le golfe du Mexique.

En 5 icônes architecturales

1. La Pitot House, parfait exemple de l'architecture coloniale créole du XVIIIe siècle (p. 104)

2. La **St. Louis Cathedral**, plus ancienne cathédrale en activité continue aux États-Unis (p. 32)

3. L'Oak Alley Plantation, pour son architecture néoclassique et ses rangées de chênes majestueux (p. 115)

4. La Brevard-Clapp House, une maison blanche de style néogrec, célèbre pour avoir été la demeure de l'auteure Anne Rice (p. 84)

5. Le Superdome et son toit imposant sous lequel peuvent se rassembler plus de 80 000 spectateurs (p. 72)

En 5 grands événements

1. Le Mardi Gras, l'apogée d'un mois de festivités, de concerts et de défilés qui attirent des touristes du monde entier (p. 71, 147)

2. Le New Orleans Jazz & Heritage Festival, pour assister à des concerts de jazz, de blues, de folk, de rock et de hip-hop (p. 148)

3. Bastille Day, pour souligner le lien particulier qui unit La Nouvelle-Orléans à la France (p. 148)

4. La Voodoo Music + Arts Experience, un festival de musique des plus éclatés présenté au City Park (p. 149)

5. Le Sugar Bowl, pendant lequel s'affrontent les meilleures équipes de football universitaire des États-Unis (p. 147)

En 10 expériences uniques

En **10** expériences culturelles

En **5** lieux pour découvrir La Nouvelle-Orléans insolite

1 Le St. Louis Cemetery No. 1, la plus vieille, la plus connue et la plus intrigante de toutes les «cités des morts» de La Nouvelle-Orléans (p. 101)

2 Le Lalaurie Mansion, dans Royal Street dans le French Quarter, et son histoire des plus macabres (p. 34)

3 Le **Voodoo Spiritual Temple**, pour rencontrer la prêtresse Miriam (p. 96)

4 Le New Orleans Historic Voodoo Museum, pour mieux comprendre ce culte mystique (p. 36)

5 Le Backstreet Cultural Museum, où l'on découvre la tradition de l'Indian Mardi Gras (p. 101)

En **5** espaces verts rafraîchissants

1 Le Woldenberg Park, un agréable parc aménagé aux abords du Mississippi (p. 40)

2 Le Jackson Square, où l'on vient se reposer à l'ombre des arbres, assister à des spectacles de rue ou encore se faire lire les lignes de la main par des voyantes (p. 28)

3 Le Washington Square Park, un lieu de rencontre et de détente

très prisé par les résidents du Faubourg Marigny (p. 53)

4 L'Audubon Park, pour profiter de l'ombre des grands chênes, des étangs et des grandes pelouses vertes (p. 87)

5 Le vaste City Park, qui abrite notamment le plus grand bosquet de chênes matures au monde (p. 104)

En **10** activités pour faire plaisir aux enfants

1 L'Audubon Aquarium of the Americas, pour ses immenses bassins reconstituant les environnements aquatiques du golfe du Mexique et du delta du Mississippi (p. 71)

2 L'Audubon Zoo, classé parmi les meilleurs parcs zoologiques du pays (p. 88)

3 L'Audubon Butterfuly Garden and Insectarium, la plus importante institution entièrement dédiée aux insectes aux États-Unis (p. 72)

4 Le City Park et ses attractions pour enfants comme le **Carousel Gardens Amusement Park** et l'aire de jeux Storyland (p. 106)

5 Le Louisiana Children's Museum, où les plus petits pourront s'amuser à jouer aux grands dans des décors à petite échelle de la vie quotidienne (p. 69)

6 Une balade à bord du Steamboat *Natchez*, une reproduction d'un véritable bateau à vapeur comme ceux qui naviguaient jadis sur le Mississippi (p. 41)

7 Le Blaine Kern's Mardi Gras World, pour découvrir comment sont construits les immenses chars allégoriques du Mardi Gras (p. 74)

8 Une visite guidée de La Nouvelle-Orléans hantée, avec l'entreprise Haunted History Tours (p. 146)

9 Un atelier de musique pour les jeunes, les dimanches après-midi au bar Tipitina's (p. 93)

10 Une excursion dans les méandres marécageux des bayous, pour observer des serpents d'eau, des tortues, des aigrettes, des ragondins et, bien sûr, des alligators! (p. 116)

En **10** spécialités culinaires locales à ne pas manquer

1 Le *po' boy* de Guy's Po-Boys (p. 90)
2 Le *jambalaya* de Praline Connection (p. 57)
3 Les *muffulettas* de la Central Grocery (p. 42)
4 Les **beignets du Café du Monde** (p. 42)
5 La soupe de tortue à la carte de nombreux restaurants, par exemple chez Mandina's (p. 108)

6 Le *blackened fish* de K-Paul's Louisiana Kitchen (p. 45)
7 Les *sno-balls* de Hansen's Sno-Bliz (p. 94)
8 Les écrevisses de Clancy's (p. 92)
9 Les huîtres Rockefeller de l'Antoine's Restaurant (p. 45)
10 Le *gumbo* aux «z'herbes» du Herbsaint Bar and Restaurant (p. 75)

En **5** souvenirs à rapporter à la maison

1 Un sac de pralines sucrées de Leah's Praline (p. 50)
2 Un talisman ou une poupée vaudoue de Marie Laveau's House of Voodoo (p. 51)
3 Un livre de recettes cajuns du Louisiana General Store (p. 49)

4 Un roman d'Anne Rice ou de William Faulkner de Faulkner House Books (p. 51)
5 Un vinyle ou un CD de jazz de la Louisiana Music Factory (p. 62)

En **5** restaurants offrant un bon rapport qualité/prix

1. Café Maspero, pour son choix de plats intéressants (fruits de mer, *jambalayas*, *muffulettas*, *club sandwichs*…) (p. 42)

2. **Cochon Butcher**, pour sa carte aux saveurs cajuns, idéale pour préparer un pique-nique ou prendre un lunch sur le pouce (p. 74)

3. Central Grocery, pour goûter aux *muffulettas* là même où cette spécialité de La Nouvelle-Orléans a été inventée (p. 42)

4. Marigny Brasserie & Bar, une brasserie contemporaine mariant influences européennes et saveurs du sud des États-Unis (p. 58)

5. Jacques-Imo's, pour sa spécialité originale : un gâteau au fromage à la saucisse d'alligator (p. 91)

En **5** lieux d'hébergement qui sortent de l'ordinaire

1. L'Hotel Monteleone, pour dormir au cœur du French Quarter dans un lieu d'exception (p. 126)

2. Audubon Cottages, pour bénéficier d'un cadre intime et luxueux (p. 126)

3. Hubbard Mansion Bed & Breakfast, pour admirer de plus près l'architecture typique du Garden District (p. 130)

4. La Belle Esplanade, pour découvrir la quiétude d'Esplanade Avenue dans l'une des maisons les plus colorées de Mid-City (p. 132)

5. Les cottages de l'Oak Alley Plantation, pour goûter au charme d'une nuit passée au beau milieu d'une plantation (p. 133)

En 10 grandes tables

1. Galatoire's, un endroit comme nul autre, hors du temps (p. 46)
2. K-Paul's Louisiana Kitchen, pour découvrir la cuisine du célèbre chef cajun Paul Prudhomme (p. 45)
3. Antoine's, le plus ancien restaurant des États-Unis à être toujours tenu par la même famille (p. 45)
4. Arnaud's, un grand classique du French Quarter, réputé pour son plat de crevettes épicées (p. 43)
5. Stella!, pour un dîner mémorable dans une partie plus calme du Vieux Carré français (p. 46)
6. Tableau, pour sa cuisine créole de très haut niveau (p. 45)
7. August, une enseigne de renom du Central Business District, qui transporte ses convives en plein Saint-Germain-des-Prés à Paris (p. 77)
8. Herbsaint Bar and Restaurant, un bistro signé Donald Link, chef émérite qui s'inspire de ses racines cajuns (p. 75)
9. Cochon, une brasserie branchée qui se spécialise dans la cuisine du sud des États-Unis (p. 75)
10. **Commander's Palace**, une adresse incontournable à La Nouvelle-Orléans depuis 1880 (p. 90)

En 10 incontournables de la vie nocturne

1 The Carousel Bar & Lounge, où vous trouverez le décor le plus original en ville pour prendre un verre en soirée (p. 48)

2 Preservation Hall, un temple du jazz fondé en 1961 pour conserver ce patrimoine musical propre à La Nouvelle-Orléans (p. 48)

3 **Lafitte's Blacksmith Shop Bar**, ancien repaire du pirate Jean Lafitte à l'ambiance unique (p. 47)

4 Tipitina's, pour voir des musiciens jouer du jazz, de la musique cajun et du blues sur la scène la plus populaire d'Uptown (p. 93)

5 Pat O'Brien's, pour goûter à son cocktail phare, le Hurricane (p. 48)

6 Snug Harbor Jazz Bistro, l'une des plus anciennes et des plus chics boîtes de jazz du Faubourg Marigny (p. 59)

7 The Three Muses, un lieu unique où la décoration offre un intéressant mélange de styles contemporain et rétro (p. 60)

8 Manning's, le bar sportif d'Archie Manning, célèbre ancien quart arrière des Saints (p. 78)

9 Maple Leaf Bar, un grand classique de La Nouvelle-Orléans, qui accueille depuis 1974 une foule éclectique de musiciens dont de nombreuses légendes locales (p. 93)

10 Rock 'N' Bowl, à la fois une salle de bowling et une discothèque, bref, un grand incontournable des soirées familiales ou entre amis (p. 111)

explorer
la nouvelle-orléans

1

Le Vieux Carré français

À voir, à faire

(voir carte p. 31)

Niché dans la courbure d'un méandre du Mississippi, le **Vieux Carré français** ★★★, ou French Quarter, est le plus vieux quartier de La Nouvelle-Orléans, mais également le plus coloré. Partie originale de la ville fondée par le Montréalais Jean-Baptiste Le Moyne, sieur de Bienville, en 1718, puis sublimée par les colons espagnols à qui l'on doit son riche héritage architectural, le *Quarter*, comme l'appellent amicalement ses résidents, est un superbe mariage d'histoire et de culture sur un quadrilatère de rues ultra-concentrées. Si les riches planteurs du Sud y séjournaient chaque hiver pendant la saison morte et que bon nombre de grands romanciers américains sont venus y trouver l'inspiration, ce sont aujourd'hui les touristes qui déam-bulent dans ses rues, assistent à un concert de jazz à l'ombre d'un patio ou savourent un cocktail sur les balcons de Bourbon Street.

Ce circuit débute au Jackson Square, au cœur du Vieux Carré français.

Jackson Square ★★★ [1]
entre Decatur St. et Chartres St., devant la St. Louis Cathedral

Originellement connu comme la «place d'Armes» de la ville fran-çaise, le Jackson Square porte aujourd'hui le nom du septième pré-sident américain, Andrew Jackson, qui conduisit les États-Unis à la vic-toire sur les Britanniques lors de la bataille de La Nouvelle-Orléans, le 8 janvier 1815, dernière bataille de la guerre anglo-américaine de 1812. Représenté sur son cheval par une statue de bronze, le général Jack-son trône au milieu d'un sompteux jardin aménagé par la baronne de Pontalba au XIXe siècle. On vient

Jackson Square.

s'y reposer à l'ombre des arbres, assister à des spectacles de rue ou encore se faire lire les lignes de la main par des voyantes ambulantes.

Bienville Place [2]
angle N. Peters St. et Decatur St.

À quelques rues à l'ouest du Jackson Square se trouve cette petite place dominée par une statue rendant hommage au fondateur de La Nouvelle-Orléans, Jean-Baptiste Le Moyne, sieur de Bienville, né à Montréal en 1680.

The Arsenal ★ [3]
6$; mar-dim 10h à 16h30; 600 Saint Peter St., 504-568-6968 ou 800-568-6968, www.crt.state.la.us/louisiana-state-museum

Rattaché au Louisiana State Museum, le bâtiment néoclassique de l'Arsenal fut bâti en 1839. Il a subi de grands dégâts lors de l'incendie du Cabildo voisin en 1988, mais fut parfaitement rénové dans les années qui suivirent. Il abrite plusieurs collections aux premier et deuxième étages. L'une des expositions permanentes est consacrée au fleuve Mississippi et au rôle qu'ont joué les traversiers, bateaux à vapeur et navires à fond plat dans le développement de La Nouvelle-Orléans, qui fut le plus important port fluvial au monde au XIXe siècle.

The Cabildo ★★ [4]
6$; mar-dim 10h à 16h30; 701 Chartres St., 504-568-6968 ou 800-568-6968, www.crt.state.la.us/louisiana-state-museum

Siège des trois gouvernements municipaux espagnol, français et américain qui se sont succédé, le Cabildo loge aujourd'hui un très beau musée qui retrace près de deux siècles d'histoire de la Louisiane. L'exposition débute à l'époque des Amérindiens et des

Le Vieux Carré français

À voir, à faire ★

1.	BX	Jackson Square
2.	BY	Bienville Place
3.	BX	The Arsenal
4.	BX	The Cabildo
5.	BX	St. Louis Cathedral
6.	BX	The Presbytère
7.	CW	French Market
8.	CW	Farmers Market
9.	CW	Latrobe Park
10.	CV	The Old U.S. Mint
11.	CW	Old Ursuline Convent
12.	CW	Beauregard-Keyes House and Garden Museum
13.	BW	Lalaurie Mansion
14.	BW	Royal Street
15.	BW	New Orleans Historic Voodoo Museum
16.	BX	Pirates Alley
17.	BX	The Historic New Orleans Collection
18.	AX	Hermann-Grima House
19.	BX	Bourbon Street
20.	AY	New Orleans Musical Legends Park
21.	BY	New Orleans Pharmacy Museum
22.	BX	Jackson Brewery
23.	CY	Woldenberg Park
24.	CX	Steamboat *Natchez*

Cafés et restos ●

25.	AY	Acme Oyster House
26.	AY	Antoine's Restaurant
27.	AY	Arnaud's
28.	CX	Café du Monde
29.	BX	Café Maspero
30.	CW	Central Grocery
31.	BW	Clover Grill
32.	AX	Deja Vu Bar & Grill
33.	AY	Galatoire's
34.	AY	GW Fins
35.	CW	Irene's Cuisine
36.	BY	K-Paul's Louisiana Kitchen
37.	AY	Mr. B's Bistro
38.	BX	Muriel's Jackson Square
39.	BW	Petite Amélie
40.	BX	Rib Room
41.	CW	Stella!
42.	BX	Tableau
43.	BX	The Court of Two Sisters

Bars et boîtes de nuit ♪

44.	BW	Bourbon Pub and Parade
45.	AY	French 75 Bar
46.	BX	Fritzel's European Jazz Pub
47.	BY	House of Blues
48.	AY	Irvin Mayfield's Jazz Playhouse
49.	AY	Jean Lafitte's Old Absinthe House
50.	BW	Lafitte's Blacksmith Shop Bar
51.	BX	Maison Bourbon
52.	CW	Palm Court Jazz Cafe
53.	BX	Pat O'Brien's
54.	BX	Preservation Hall
55.	BW	The Carousel Bar & Lounge
56.	BY	The Kerry Irish Pub
57.	CX	Tujague's

Salles de spectacle ♦

58.	BX	Le Petit Théâtre du Vieux Carré

Lèche-vitrine ■

59.	BY	A Gallery for Fine Photography
60.	BY	Bottom of the Cup Tea Room
61.	BW	Faulkner House Books
62.	BW	Fifi Mahony's
63.	BX	Fleur de Paris
64.	BX	Forever New Orleans
65.	BY	Keil's Antiques
66.	BX	Leah's Pralines
67.	BW	Marie Laveau's House of Voodoo
68.	BY	New Orleans School of Cooking/ Louisiana General Store
69.	CX	The Shops at Jax Brewery

Hébergement ▲

70.	AX	Audubon Cottages
71.	AY	Hotel Mazarin
72.	AY	Hotel Monteleone
73.	BW	Hotel Villa Convento
74.	AV	Jazz Quarters
75.	AX	Maison Dupuy Hotel
76.	AX	The Olivier House Hotel
77.	AY	The Ritz-Carlton, New Orleans

Le Vieux Carré français

FAUBOURG
MARIGNY

v

Localisation du circuit

Esplanade Ave.

Barracks St.

Governor Nicholls St.

Ursulines Ave.

The Old
U.S. Mint   10

74

52

Louis
Armstrong
Park

St Philip St.

13

FRENCH MARKET

12   11

73   41

Dumaine St.

50

14

62

31

35

9   8

ULYSSE

30   7

St Ann St.   New Orleans Historic
Voodoo Museum   15   39

URSULINES

w

Basin St.

67   44

46

FRENCH QUARTER

38

Madison Ave.

57   DUMAINE

28

St Peter St.

51

16

5

Moonwalk

75

Toulouse St.

54   53   64   61

3   4

70   76

19

43

Jackson
Square

x

Rampart St.

St Louis St.

18

17

42   58

29

i

22

Conti St.

32

26   63

40

69

66

TOULOUSE

24

21

68

Bienville Ave.

27   48

36

Mississippi River

20   65

60

2

45   49   71

56

Woldenberg
Park

23

Burgundy St.

34   33   37

25   55

BIENVILLE

77

59

72

47

Dauphine St.

y

CARONDELET ST./
BOURBON ST.

CHARLES AVE./
ROYAL ST.

CAMP ST./
CHARTRES ST.

Iberville St.

Riverfront Streetcar

Common St.

MAGAZINE ST./
DECATUR ST.

Canal St.

COMMON ST.

Canal St.

CANAL ST.

z

Gravier St.

GRAVIER ST.

UNION ST.

Union St.

Perdido St.

CENTRAL
BUSINESS DISTRICT

POYDRAS ST.

POYDRAS ST.

Poydras St.

©ULYSSE

The Presbytere.

premiers établissements européens et se termine à la «Reconstruction» qui a suivi la guerre de Sécession. Au cours de la visite, on peut admirer la Sala Capitular, où a été signé en 1803 l'achat de la Louisiane par les Américains.

St. Louis Cathedral ★★ [5]

entrée libre; tlj 7h30 à 16h; 615 Pere Antoine Alley, angle Chartres St., 504-525-9585, www.stlouiscathedral.org

Avec ses trois flèches et sa lumineuse façade blanche, la cathédrale St. Louis est un repère facilement identifiable du French Quarter. Érigée en 1794 dans le style colonial espagnol, elle fit l'objet d'un remodelage en 1849, ce qui en fait la plus ancienne cathédrale en activité continue aux États-Unis. Des tours guidés sont organisés à longueur d'année, de même que des concerts de jazz en décembre.

The Presbytere ★★ [6]

6$; mar-dim 10h à 16h30; 751 Chartres St., 504-568-6968 ou 800-568-6968, www.crt.state.la.us/louisiana-state-museum

À droite de la cathédrale St. Louis, en symétrie avec le Cabildo, s'élève le Presbytere. Ancienne résidence des prêtres de la cathédrale puis Cour de l'État louisianais, le Presbytere renferme aujourd'hui un musée coloré, consacré à l'histoire des festivités du Mardi Gras, où costumes, bandes sonores et vidéos permettent de s'imaginer au temps du carnaval à longueur d'année. Au rez-de-chaussée se trouve une exposition poignante sur l'ouragan *Katrina* et ses ravages dans la ville en 2005.

Longez le Jackson Square sous les arcades de Saint Ann Street en direction du Mississippi, puis tournez à gauche une fois arrivé au French Market.

French Market.

French Market ★★★ [7]

boutiques tlj 10h à 18h, kiosques du Farmers Market tlj 9h à 18h; le long de Decatur St. et N. Peters St. entre Saint Ann St. et Barracks St., 504-522-2621, www.frenchmarket.org

Établi à proximité du Mississippi, le French Market est un lieu de visite incontournable du Vieux Carré français. Boutiques d'art et cafés s'y succèdent sous des arcades datant de 1813. Dans une seconde section, on déambule à travers les étals de fruits, de légumes, d'épices cajuns et d'objets-souvenirs du **Farmers Market** [8]. Entre les deux, le **Latrobe Park** [9] constitue une halte agréable à l'ombre des grands arbres.

The Old U.S. Mint ★★ [10]

entrée libre; mar-dim 10h à 16h30; 400 Esplanade Ave., 504-568-6993 ou 800-568-6968, www.crt.state.la.us/louisiana-state-museum

Ancien hôtel des Monnaies en fonction de 1838 à 1861 puis de 1879 à 1909, cet imposant édifice de pierres rouges, situé à l'extrémité est du French Market, est aujourd'hui un espace d'exposition. La salle principale concentre le patrimoine musical de la ville. On peut y admirer une excellente collection de partitions et d'instruments, dont la toute première trompette de Louis Armstrong, ainsi que trois grandes murales colorées représentant le quartier de Storyville, aujourd'hui rasé, qui a largement contribué à l'essor d'autres grands noms du jazz.

Revenez sur vos pas dans Decatur Street et tournez à droite dans Ursulines Avenue.

Old Ursuline Convent ★ [11]

5$; lun-sam 10h à 16h; 1112 Chartres St., 504-525-9585, www.oldursulineconvent.org

C'est dans les années 1720 que les Ursulines françaises débar-

Royal Street.

quèrent à La Nouvelle-Orléans dans le but de soigner et surtout d'éduquer la population féminine locale, aussi bien les jeunes filles issues de familles propriétaires de plantations que les Amérindiens et les esclaves noirs. On peut aujourd'hui admirer au cours d'une visite autoguidée ce superbe couvent (1753), le plus vieux bâtiment de la vallée du Mississippi.

Beauregard-Keyes House and Garden Museum ★ [12]

10$; lun-sam visites guidées aux heures de 10h à 15h; 1113 Chartres St., 504-523-7257, www.bkhouse.org

Cette demeure victorienne de 1826, dont le style est plutôt rare dans le Vieux Carré français, se trouve juste en face du couvent des Ursulines. Elle fut un temps la propriété du général confédéré d'ascendance française P.G.T. Beauregard, puis, au XXe siècle, la maison de l'auteure Frances Parkinson Keyes, qui y écrivit plusieurs de ses romans. Hormis une collection d'objets anciens (poupées de porcelaine, théières et autres meubles), l'intérêt de ce musée se trouve à l'extérieur, où s'étend son beau jardin à la française avec une fontaine en fonte et des haies de buis parfaitement taillées.

Dirigez-vous vers l'est dans Chartres Street et tournez à gauche dans Governor Nicholls Street.

Lalaurie Mansion ★ [13]

on ne visite pas; 1140 Royal St., angle Governor Nicholls St.

Étape incontournable des tours guidés sur le thème de La Nouvelle-Orléans hantée, cette demeure grise aux volets noirs mérite un

Une architecture typique

L'un des intérêts de La Nouvelle-Orléans est que chacun de ses quartiers possède une architecture qui lui est propre, donnant ainsi l'occasion de faire de belles balades à pied ou en tramway pour partir à leur découverte. Le plus célèbre quartier de la ville est certainement celui du Vieux Carré français, avec ses rues étroites au tracé rectiligne, ses balcons en fer forgé et ses cours intérieures. Il n'a de français que le nom puisqu'on doit son héritage architectural aux Espagnols, qui le développèrent lors de leur domination de la ville au milieu du XVIIIe siècle. Un secteur du French Quarter et presque la totalité du Faubourg Marigny abritent par ailleurs de beaux vestiges de l'architecture créole, aux racines françaises cette fois, visible dans les petits cottages colorés, avec une courte terrasse à l'avant. À l'opposé de ce style simple et populaire, le Garden District témoigne quant à lui de la période phare de l'architecture américaine. On y retrouve les styles georgien, fédéral et néogrec (Greek Revival) illustrés par de grands bâtiments carrés dotés de balustrades, de colonnades ou d'une profusion d'éléments architecturaux empruntés à l'Antiquité grecque. Enfin, les maisons de plantation des environs de La Nouvelle-Orléans ont elles aussi un style bien particulier, appelé *antebellum* en référence à une architecture à la mode «avant la guerre de Sécession», qui se rapproche de l'architecture du Garden District ou le long d'Esplanade Avenue.

Le Vieux Carré français

arrêt de quelques minutes, ne serait-ce que pour prendre connaissance de sa sombre réputation. Après qu'un grand incendie eut dévasté la maison en 1834, les voisins ont fait la macabre découverte de plusieurs corps d'esclaves enchaînés et mutilés par le couple Lalaurie, alors propriétaire des lieux. Les esprits errants de ces esclaves, qui selon la légende hantèrent la demeure reconstruite, n'ont pas découragé l'acteur Nicolas Cage d'y habiter pendant plusieurs années.

Royal Street ★★★ [14]

Avec ses pittoresques balcons en fer forgé, ses boutiques d'antiquaires et ses restaurants chics, Royal Street est l'artère historique du Vieux Carré français. Parallèlement à Bourbon Street, elle s'étend

New Orleans Historic Voodoo Museum.

Le Vieux Carré français

de Canal Street jusqu'aux limites du quartier Bywater. Ce sont les Espagnols qui lui donnèrent son nom (Calle Real) et elle a toujours été, depuis lors, l'artère principale du French Quarter.

Marchez vers l'ouest dans Royal Street, puis tournez à droite dans Dumaine Street.

New Orleans Historic Voodoo Museum ★★ [15]

7$, visites guidées à pied du Vieux Carré français sur le thème du vaudou 19$; tlj 10h à 18h; 724 Dumaine St., 504-680-0128, www.voodoomuseum.com

Aussi mystérieux soit-il, le culte vaudou possède son propre musée à La Nouvelle-Orléans, ouvert depuis 1972. On est amené à visiter deux très petites salles remplies de masques africains, d'offrandes laissées par les précédents visiteurs ainsi que de modes d'emploi pour fabriquer son propre gris-gris ou ses poupées vaudoues. Hormis le folklore mis en avant, on y apprend beaucoup sur les fondements de ce culte animiste venu d'Afrique à travers l'esclavage et sur la mythique prêtresse que fut Marie Laveau.

Revenez à Royal Street et poursuivez vers l'ouest.

Pirates Alley ★ [16]

entre Royal St. et Chartres St., du côté ouest de la St. Louis Cathedral

Orleans Alley était le nom d'origine de cette étroite ruelle pavée avant qu'elle ne devienne officiellement la Pirates Alley, comme les résidents de la ville avaient l'habitude de l'appeler. Elle relie les deux rues principales du Vieux Carré français, Royal Street et Chartres Street,

Faulkner House Books.

Le Vieux Carré français

tout en longeant la cathédrale St. Louis et son jardin à l'arrière. La légende veut que l'endroit ait été le repaire du pirate Jean Lafitte, d'où son appellation populaire. L'auteur américain William Faulkner a habité dans une maison de la ruelle, aujourd'hui devenue une librairie portant son nom, **Faulkner House Books** (voir p. 51).

The Historic New Orleans Collection ★ [17]

entrée libre, visite guidée 5$; mar-sam 9h30 à 16h30, dim 10h30 à 16h30; 533 Royal St., 504-523-4662, www.hnoc.org

Complémentaire à la visite du **Cabildo** (voir p. 29), ce musée de la rue Royal est une mine d'informations sur l'histoire de la ville, depuis la colonisation par la France jusqu'au XXe siècle. Les différents bâtiments qui forment le musée permettent également d'admirer plusieurs styles architecturaux dans une cour intérieure. La visite guidée est d'ailleurs recommandée afin de mieux comprendre la richesse de ce patrimoine.

Continuez dans Royal Street vers l'ouest et tournez à droite dans Saint Louis Street.

Hermann-Grima House ★★ [18]

12$; visites guidées aux heures lun, mar, jeu et ven 10h à 14h, sam 12h à 15h; 820 Saint Louis St., 504-525-5661, www.hgghh.org

Avec ses écuries, sa cour intérieure paysagée et ses pièces parfaitement rénovées, la maison Hermann-Grima nous offre un parfait exemple d'habitation familiale créole de la première moitié du XIXe siècle. Pour prolonger le dépaysement, des démonstrations culinaires ont lieu les jeudis d'octobre à mai dans la cuisine de la maison et sont l'occa-

Bourbon Street.

Le Vieux Carré français

sion d'apprendre à concocter des mets traditionnels créoles.

Revenez sur vos pas pour rejoindre Bourbon Street, puis marchez vers l'ouest.

Bourbon Street ★★ [19]

Artère sulfureuse et pourtant la plus iconique de La Nouvelle-Orléans, Bourbon Street vit, 365 soirs par an, au rythme des concerts et des fêtes souvent très alcoolisées, prisées par

Créole et pourtant blanc de peau?

Contrairement à la croyance générale, le fait d'être une personne d'ascendance créole n'implique aucunement la couleur de peau noire. En revanche, elle se définit plutôt comme quelqu'un de race blanche, d'ascendance européenne, originaire des anciennes colonies d'outre-mer. Le mot «créole» s'est étendu au XIXᵉ siècle à toute la population francophone de La Nouvelle-Orléans, par opposition aux nouveaux arrivants anglophones qui se sont installés dans la partie ouest de la ville. Aujourd'hui, la culture créole est de nouveau valorisée, et ce terme est souvent associé à la musique folk créole et à la gastronomie créole.

New Orleans Musical Legends Park.

les touristes de passage. Elle fut pourtant autrefois une rue résidentielle très respectable, dont le nom rend hommage à la famille royale de Louis XIV. Il est impensable de ne pas aller y faire un tour en soirée, mais il faut prendre le temps de choisir son restaurant ou son bar, certains étant bien plus réputés que d'autres, comme le **Galatoire's** (voir p. 46), la **Maison Bourbon** (voir p. 48) et le **Fritzel's European Jazz Pub** (voir p. 47).

New Orleans Musical Legends Park ★★ [20]

entrée libre; dim-jeu 8h à 22h, ven-sam 8h à 24h; 311 Bourbon St., 504-888-7608, www.neworleansmusicallegends.com

Ce petit parc niché entre deux restaurants de la rue Bourbon rend hommage aux plus grands musiciens de jazz de La Nouvelle-Orléans, entre autres les trompettistes Al Hirt et Louis Prima, le compositeur Allen Toussaint et le pianiste Fats Domino, dont les statues ornent la place. Un endroit parfait pour écouter un concert gratuit *(tlj de 10h à la fermeture du parc)*, confortablement assis sous des parasols, tout en sirotant un cocktail ou en mangeant un gombo acheté à l'un des kiosques alimentaires du parc.

Empruntez Bienville Street à gauche, puis prenez Chartres Street à gauche.

New Orleans Pharmacy Museum ★★ [21]

5$; mar-sam 10h à 16h, tours guidés mar-ven à 13h; 514 Chartres St., 504-565-8027, www.pharmacymuseum.org

Ayant appartenu à Louis J. Dufilho Jr. dans les années 1820, l'un des tout premiers pharmaciens du pays, cette boutique d'apothicaire

Le Vieux Carré français

Steamboat *Natchez*.

est restée dans le même état, ou presque, depuis près de 200 ans. On peut y observer, sur les étagères et dans les présentoirs vitrés, des bouteilles de décoction de plantes, des fioles de sirop de soda, qui fut entre autres à l'origine de la création du Coca-Cola, et même des potions vaudoues. On y apprend qu'à l'époque les pharmaciens travaillaient en étroite collaboration avec les chamans amérindiens et les prêtres vaudous afin d'identifier les plantes médicinales de la région.

Tournez à droite dans Toulouse Street puis à gauche dans Decatur Street.

Jackson Brewery ★ [22]
entrée libre; tlj 10h à 19h; 600 Decatur St., 504-566-7245, www.jacksonbrewery.com

Si vous souhaitez profiter d'une superbe vue sur le Mississippi dans la fraîcheur de l'air conditionné, sachez que le centre commercial **Shops at Jax Brewery** (voir p. 50) est l'endroit idéal. Autrefois la plus grande brasserie du sud des États-Unis, il renferme aujourd'hui quatre étages de boutiques et de restaurants. L'architecture très originale des lieux, avec son imposante tour centrale, fut dessinée par l'Allemand Dietrich Einsiedel en 1891. La brasserie a fermé ses portes dans les années 1970.

Woldenberg Park ★★ [23]
le long de la rivière Mississippi entre Canal St. et le Jackson Square

C'est depuis ce site que Jean-Baptiste Le Moyne, sieur de Bienville, a remarqué la courbure du Mississippi en forme de croissant, donnant ainsi le surnom de *Crescent City* à la ville. À l'ombre des lilas et des magnolias, ce parc offre une

Moonwalk.

promenade en briques rouges qui longe le fleuve depuis l'aquarium Audubon jusqu'à la Jackson Brewery, offrant de magnifiques vues sur les navires à aubes *Natchez* et *Creole Queen* qui font des allées et venues dans le port. Il est possible de poursuivre sa balade le long de la **Moonwalk**, une autre agréable promenade, laquelle se prolonge jusqu'au French Market.

Steamboat *Natchez* ★★ [24]
à compter de 28,50$; tlj; Toulouse Street Wharf, 504-569-1401 ou 800-233-2628, www.steamboatnatchez.com

Reproduction d'un véritable bateau à vapeur comme ceux qui naviguaient jadis sur le Mississippi, le *Natchez* propose différentes excursions sur le fleuve. Au quai derrière la Jackson Brewery ont lieu deux départs par jour *(à 11h30 et 14h30),* pour une sortie de 2h dans le port de La Nouvelle-Orléans. On peut visiter la salle des machines, manger un repas créole et écouter la mélodie jouée par les cheminées à vapeur. En soirée, on peut également participer au dîner-croisière animé par le groupe de jazz Dukes of Dixieland *(tlj à 19h, embarquement à 18h).*

Riverfront Streetcar ★★
1,25$/trajet (monnaie exacte exigée); de l'Audubon Aquarium of the Americas jusqu'au French Market, 504-248-3900, www.norta.com

Voilà l'une des lignes de tramway les plus appréciées des visiteurs de la ville. Elle longe le Mississippi de l'Audubon Aquarium of the Americas jusqu'au French Market, en faisant des arrêts devant les attractions principales du French Quarter. Une belle promenade motorisée pour ceux qui en auraient assez de marcher.

Restos et cafés

(voir carte p. 31)

Café du Monde $ [28]
French Market, 800 Decatur St., 504-525-4544,
www.cafedumonde.com

Impossible de se promener le long des rives du Mississippi, près du Jackson Square, sans s'arrêter au Café du Monde pour goûter à leurs fameux beignets sucrés. À déguster sur place ou pour emporter, avec ou sans café au lait, ces beignets frits sont saupoudrés abondamment de sucre glace. Bon à savoir, ils se commandent toujours par trois et sont hyper-nourrissants!

Central Grocery $ [30]
923 Decatur St., 504-523-1620,
www.centralgroceryneworleans.com

L'endroit idéal pour goûter aux *muffulettas* là même où cette spécialité de La Nouvelle-Orléans a été inventée! La recette de ce pain garni a été créée au XXe siècle par des immigrés italiens qui venaient s'approvisionner en charcuteries et en produits frais au marché central (Central Grocery) du Vieux Carré français. Le marché offre aujourd'hui toute une variété de *mufflettas* (du nom du pain sicilien aux graines de sésame) dont une version végétarienne.

Clover Grill $ [31]
900 Bourbon St., 504-598-1010,
www.clovergrill.com

Le comptoir en stratifié, les tabourets en vinyle rouge et la musique *vintage* du jukebox plongent illico les clients dans la Louisiane des années 1950. La carte de hamburgers et de petits déjeuners est plutôt ordinaire, mais ce petit *diner* américain a l'avantage d'être ouvert 24 heures sur 24. Intéressant en cas de fringale après une soirée endiablée dans Bourbon Street.

Deja Vu Bar & Grill $ [32]
400 Dauphine St., 504-523-1931,
www.dejavunola.com

Envie d'un hamburger à 5h ou d'un petit déjeuner à 17h? Deja Vu répond à toutes les envies, quelle que soit l'heure de la journée puisque ce restaurant, qui sert également des boissons alcoolisées et des cocktails, est ouvert 24 heures sur 24. Le choix de plats est classique et typique de La Nouvelle-Orléans: hamburgers, *po' boys*, assiettes de fruits de mer, le tout étant plutôt savoureux.

Café Maspero $-$$ [29]
601 Decatur St., 504-523-6250,
www.cafemaspero.com

Plusieurs raisons font le succès de cette adresse établie en 1971: un choix de plats intéressants (fruits de mer, *jambalayas*, *muffulettas*, *club sandwichs*…), des prix très abordables et des assiettes garnies à souhait! En contrepartie de ce rapport qualité/prix imbattable: des files d'attente parfois très longues à l'heure du lunch!

Acme Oyster House.

Petite Amélie $-$$ [39]
900 Royal St., 504-412-8065,
www.cafeamelie.com

Pour un repas pris sur le pouce ou
une pause café entre deux boutiques dans Royal Street, la Petite
Amélie est un lieu sympathique
avec ses murs de briques et son
comptoir garni de pâtisseries. On y
mange des sandwichs, des paninis
ou des salades fraîches. Choix de
plusieurs plats à saveur cajun également et limonade maison rafraîchissante.

Acme Oyster House $$ [25]
724 Iberville St., 504-522-5973,
www.acmeoyster.com

Plus ancien bar à huîtres du French
Quarter (1910), l'Acme Oyster House
est une institution parmi les restaurants de fruits de mer de la ville.
Par douzaines, les huîtres du golfe
du Mexique arrivent ultra-fraîches
dans votre assiette, servies à la
mode de la maison, c'est-à-dire
grillées au barbecue et revenues
dans une sauce aillée. D'autres spécialités créoles sont au menu. L'attente peut parfois être longue.

Arnaud's $$-$$$ [27]
813 Bienville St., 504-523-5433,
www.arnaudsrestaurant.com

Salle de restauration rapide en
devanture ou petites pièces intimes
à la décoration luxueuse, voire pom-
peuse, à vous de choisir votre style
pour manger chez Arnaud's. Grand
classique du French Quarter, cette
enseigne est réputée pour son plat
de crevettes épicées, relevées d'une
sauce rémoulade au persil et au
citron. N'hésitez pas à explorer le
dédale de salles à l'arrière du restaurant, lesquelles sont transfor-

Le Vieux Carré français

Des tables installées au balcon du Muriel's Jackson Square.

mées à l'étage en musée du Mardi Gras avec collection d'objets et de photos anciennes.

GW Fins *$$-$$$* [34]
808 Bienville St., 504-581-3467,
www.gwfins.com

Faisant des poissons et fruits de mer ses spécialités, ce restaurant mise sur la fraîcheur des produits et la perfection du service. Le décor contemporain marie architecture moderne et charpente de bois. Ne manquez pas deux des plats les plus réussis : le risotto de homard et les coquilles Saint-Jacques cuites au feu de bois. Réservations et tenue correcte conseillées.

Irene's Cuisine *$$-$$$* [35]
539 Saint Philip St., 504-529-8811

Pour changer de la gastronomie cajun et créole, pourquoi ne pas essayer la cuisine d'Irene aux saveurs d'Italie ? Largement réputé dans le French Quarter, ce petit restaurant légèrement excentré est un repère idéal pour les couples à la recherche de calme et d'intimité. On y sert de très bonnes spécialités italiennes, comme le poulet au romarin, ou encore un savoureux osso buco le jeudi. Réservations recommandés.

Muriel's Jackson Square
$$-$$$ [38]
801 Chartres St., angle Saint Ann St.,
504-568-1885, www.muriels.com

Bel emplacement pour ce restaurant assez touristique qui sert une cuisine créole très correcte. Des menus spéciaux à prix fixe permettent de tester deux plats le midi ou trois le soir. Les murs rouges bordés de briques apportent une atmosphère chaleureuse aux salles du restaurant. Avis aux chasseurs de fantômes, les lieux seraient hantés!

Tableau $$-$$$ [42]
616 Saint Peter St., 504-934-3463,
www.tableaufrenchquarter.com

Note parfaite pour ce restaurant, dernier-né de la famille Brennan, on ne peut mieux situé au coin du Jackson Square. On choisit entre deux types d'ambiance : très vivante à l'une des tables du balcon ou plus intime dans la salle de restaurant aux grosses poutres de bois. La cuisine de type créole est de très haut niveau et l'on apprécie de pouvoir choisir entre l'assiette complète et la demi-portion, pour ceux qui souhaitent garder une place pour le dessert.

Rib Room $$-$$$ [40]
Omni Royal Orleans, 621 Saint Louis St.,
504-529-7046, http://ribroomneworleans.com

Réputée pour ses côtes levées à travers le pays, la Louisiane est en général une excellente destination pour les amateurs de viande. La Rib Room, située au cœur de l'animation du Vieux Carré français, répond aux envies de tous les carnivores avec sa carte variée et riche en rôtisseries et en steaks maison accompagnés de sauces aux saveurs du Sud.

Antoine's Restaurant $$$ [26]
713 Saint Louis St., 504-581-4422,
www.antoines.com

Dîner dans l'une des 14 salles du restaurant Antoine's, c'est remonter dans le temps jusqu'à l'époque de son fondateur, Antoine Alciatore,

un cuisinier français venu s'installer à La Nouvelle-Orléans dans les années 1840. Aujourd'hui dirigé par la cinquième génération de ses descendants, le restaurant Antoine's est le plus ancien des États-Unis à être toujours tenu par la même famille. On ne manquera pas de goûter à la spécialité de la maison : les huîtres Rockefeller, une recette mythique qui marie des huîtres du golfe du Mexique et une sauce crémeuse aux herbes et aux légumes. Tenue correcte recommandée.

K-Paul's Louisiana Kitchen $$$ [36]
416 Chartres St., 504-596-2530
ou 877-553-3401, www.chefpaul.com

Ouvert depuis 1979, le restaurant du chef cajun Paul Prudhomme est une très bonne adresse dans le Vieux Carré français. On y mange les plats traditionnels de la cuisine louisianaise, dont le fameux *blackened fish*, un poisson en croûte de beurre aux herbes aromatiques.

Mr. B's Bistro $$$ [37]
201 Royal St., 504-523-2078,
www.mrbsbistro.com

La gastronomie cajun est à l'honneur à la table de Mr. B's... pour Brennan, célèbre famille de restaurateurs de La Nouvelle-Orléans. Sur la carte de cette adresse chic située en face de l'hôtel Monteleone, on trouve des crevettes barbecue, du lapin braisé ou encore un *gumbo* (gombo) concocté avec créativité et raffinement. Gardez-vous une petite place pour le des-

Le Vieux Carré français

sert de la maison : le *bread pudding* (pouding au pain) avec sa sauce au whiskey irlandais !

The Court of Two Sisters $$$ [43]

613 Royal St., 504-522-7261,
www.courtoftwosisters.com

Particulièrement réputé pour son brunch *(tlj)* à déguster au son d'un orchestre de jazz, le restaurant The Court of Two Sisters propose un buffet complet en journée ainsi qu'un repas « créole à la carte » en soirée. Le restaurant est situé dans un immeuble historique doté d'une superbe cour arrière où il est très agréable de profiter de la fraîcheur sous les arbres et les tonnelles.

Galatoire's $$$-$$$$ [33]

209 Bourbon St., 504-525-2021,
www.galatoires.com

Un endroit comme nul autre, hors du temps. Sur l'effervescente Bourbon Street, Galatoire's se cache derrière un rideau de dentelle un peu vieillot. À l'intérieur, la grande salle, décorée de longs miroirs, est toujours remplie du gratin de La Nouvelle-Orléans. Tenu par la famille Galatoire depuis 1905, le restaurant a fait des poissons et des fruits de mer frais ses spécialités. Veston obligatoire pour les hommes le dimanche et tous les jours après 17h.

Stella! $$$$ [41]

1032 Chartres St., 504-587-0091,
www.restaurantstella.com

Ceux qui recherchent une grande table pour un dîner mémorable ado-

reront ce restaurant retiré dans la partie plus calme du Vieux Carré français, entre le Jackson Square et Esplanade Avenue. La salle feutrée, décorée avec goût, offre une belle ambiance pour apprécier des plats délicats comme le foie gras glacé au citron, servi avec une brioche rôtie. Menus à quatre ou sept services, menu végétarien également. Excellente sélection de vins et service irréprochable.

Bars et boîtes de nuit *(voir carte p. 31)*

Bourbon Pub and Parade [44]

801 Bourbon St., 504-529-2107,
www.bourbonpub.com

Ce bar-disco est le plus réputé du French Quarter parmi la communauté gay locale ou de passage. L'ambiance est animée : tranquille au rez-de-chaussée et souvent survoltée à l'étage, avec sa piste de danse, son karaoké et son balcon d'où l'on peut assister au bouillonnement de Bourbon Street. Ouvert 24 heures sur 24.

French 75 Bar [45]

813 Bienville St., 504-523-5433,
www.arnaudsrestaurant.com/french-75

Le bar du très huppé restaurant **Arnaud's** (voir p. 43) loge dans une salle typique des cafés parisiens, avec son carrelage à petits carreaux et son beau comptoir en bois ancien. Chris Hannah, un barman de renom, y concocte plusieurs délicieux cocktails dont le fameux French 75 à base de champagne.

Fritzel's European Jazz Pub [46]
733 Bourbon St., 504-586-4800,
www.fritzelsjazz.net

Ne vous fiez pas aux apparences un peu négligées de ce pub : la musique qui s'en échappe devrait vous convaincre de franchir la porte! Les meilleurs musiciens de jazz traditionnel se produisent régulièrement sur la minuscule scène du Fritzel's, et ce, depuis son ouverture en 1969.

House of Blues [47]
225 Decatur St., 504-310-4999,
www.hob.com/neworleans

Lieu de concerts aux genres variés (rock, blues, jazz, entre autres), la House of Blues se distingue toutefois par son Sunday's Gospel Brunch, un buffet de cuisine du Sud à déguster au son des représentations musicales de très bonne qualité, tous les dimanches midi.

Irvin Mayfield's Jazz Playhouse [48]
Royal Sonesta Hotel, 300 Bourbon St.,
504-553-2299 ou 504-586-0300,
www.irvinmayfield.com

Une autre adresse de choix pour écouter de la très bonne musique dans une atmosphère plutôt chic. Les mercredis soir sont dédiés aux concerts du New Orleans Jazz Orchestra, et des spectacles de genre burlesque ont lieu tous les vendredis.

Jean Lafitte's Old Absinthe House [49]
240 Bourbon St., 504-523-3181,
www.ruebourbon.com/oldabsinthehouse

Ce bar de style taverne, situé au coin des rues Bourbon et Bienville,

Fritzel's European Jazz Pub.

est une institution du Vieux Carré français depuis presque 200 ans! Décoré de chandeliers et d'une collection de casques de vedettes du football américain, on y sert des mixtures alcoolisées et de vieux scotchs, spécialités de la maison.

Lafitte's Blacksmith Shop Bar [50]
941 Bourbon St., 504-593-9761,
www.lafittesblacksmithshop.com

Repaire du pirate Jean Lafitte, qui selon la légende y aurait dissimulé ses véritables occupations derrière un simple atelier de maréchal-ferrant, cette demeure historique du XVIIIe siècle est l'une des seules à avoir résisté aux nombreux feux qui ont ravagé la ville au fil du temps. On vient y boire un verre et écouter un concert dans une ambiance vraiment unique.

Le Vieux Carré français

Le Vieux Carré français

Maison Bourbon [51]
641 Bourbon St., 504-522-8818,
www.maisonbourbon.com

Avec ses murs de briques rouges et son atmosphère d'authentique boîte de jazz, la Maison Bourbon est l'une des dernières bonnes adresses de la rue Bourbon où l'on peut encore écouter de la musique typique de La Nouvelle-Orléans. Les prix des boissons peuvent paraître chers, mais l'entrée est gratuite.

Palm Court Jazz Cafe [52]
1204 Decatur St., 504-525-0200,
www.palmcourtjazzcafe.com

Cette adresse, reconnue pour accueillir de très bons groupes de jazz, loge dans un bâtiment historique du XIXe siècle, tout proche du French Market. L'idéal est de venir y manger pour ainsi apprécier le concert à table. Ouvert du mercredi au dimanche soir.

Pat O'Brien's [53]
718 Saint Peter St., 504-525-4823
ou 800-597-4823, www.patobriens.com

Touristique mais sympathique, ce bar est avant tout renommé pour la création de son cocktail phare, le Hurricane, composé de rhum, de jus de fruits et de grenadine. On navigue entre le bar bondé, le piano-bar, le restaurant et l'immense patio arrière.

Preservation Hall [54]
726 Saint Peter St., 504-522-2841
ou 888-946-5299, www.preservationhall.com

Temple du jazz depuis 1961, le Preservation Hall a été fondé pour conserver ce patrimoine musical riche, propre à La Nouvelle-Orléans. Les concerts qui s'y donnent font partie des meilleurs en ville. La salle offre une ambiance intime malgré la foule qui s'y presse chaque soir.

The Carousel Bar & Lounge [55]
Hotel Monteleone, 214 Royal St.,
504-523-3341, www.hotelmonteleone.com

Il s'agit assurément du décor le plus original de La Nouvelle-Orléans pour prendre un verre en soirée! Installé à l'étage du superbe **Hotel Monteleone** (voir p. 126), un grand et beau carrousel des années 1940 offre 25 places assises autour d'un bar circulaire somptueusement décoré et éclairé. Un incontournable!

The Kerry Irish Pub [56]
331 Decatur St., 504-527-5954

Idéal pour assister à un match de football des Saints, une pinte de Guinness à la main, ce pub irlandais accueille non seulement les fans de sport, mais également les amateurs de bonne musique lors de concerts folk, rock, country ou aux mélodies plus celtiques. Bon choix de bières et tables de billard à disposition.

Tujague's [57]
823 Decatur St., 504-525-8676,
www.tujaguesrestaurant.com

Ce resto-bar est ouvert depuis 1856. Le comptoir en bois, acheminé de la France l'année de son ouverture, est une pièce historique qui a vu s'y accouder le président

Maison Bourbon.

Le Vieux Carré français

Truman et l'acteur Harrison Ford. On y sert des cocktails, du vin ainsi que des bières locales.

Salles de spectacle
(voir carte p. 31)

Le Petit Théâtre du Vieux Carré [58]
616 Saint Peter St., 504-522-2081,
www.lepetittheatre.com
Ce théâtre historique date de 1923, ce qui en fait l'un des plus vieux théâtres communautaires des États-Unis. Il a été sauvé de la faillite par la famille Brennan, qui a ouvert son restaurant **Tableau** (voir p. 45) au rez-de-chaussée du bâtiment. Drames, comédies musicales et autres comédies sont présentés dans une salle plutôt intime de 350 sièges.

Lèche-vitrine
(voir carte p. 31)

Alimentation

New Orleans School of Cooking [68]
524 Saint Louis St., 504-525-2665
ou 800-237-4841,
www.neworleansschoolofcooking.com
À la fois école de cuisine et boutique culinaire, cette adresse est parfaite pour rapporter un souvenir gastronomique de votre séjour à La Nouvelle-Orléans. Les ateliers *(tlj, deux fois par jour)* sont offerts par des chefs cajuns et créoles qui enseignent les rudiments de la cuisine louisianaise. Livres de recettes, tabliers et épices cajuns sont proposés sur place dans la boutique qu'est le **Louisiana General Store**.

Marie Laveau's House of Voodoo.

Leah's Pralines [66]
714 Saint Louis St., 504-523-5662,
www.leahspralines.com

Autre délicieuse tradition héritée des colons français, les pralines se dégustent sous forme de *cookie* fondant ou concassées en petits morceaux à croquer chez Leah's, dont la boutique est située en face du restaurant Antoine's. On peut même assister à la fabrication des friandises pendant la journée.

Antiquités

Keil's Antiques [65]
325 Royal St., 504-522-4552,
www.keilsantiques.com

Tenue par la même famille depuis 1899, cette boutique d'antiquités fait partie des belles adresses de la rue Royal. Grand choix d'objets et de meubles des XVIIIe et XIXe siècles en provenance de France et d'Angle-terre. La vitrine à elle seule vaut le coup d'œil.

Centre commercial

The Shops at Jax Brewery [69]
600 Decatur St., 504-566-7245,
www.jacksonbrewery.com

Ancienne brasserie fermée dans les années 1970, la Jackson Brewery a subi d'importants travaux de réno-vation afin d'accueillir ce centre commercial abritant une vingtaine de restaurants, bars et boutiques sur quatre étages, avec de très belles vues sur le Mississippi.

Insolite

Bottom of the Cup Tea Room [60]
327 Chartres St., 800-729-7148,
www.bottomofthecup.com

Comme son nom l'indique, cette boutique est à la fois une maison de thé et un salon d'occultisme où se déroulent des séances de voyance (dans les feuilles de thé justement). En vente sur place : boules de cristal, amulettes, cartes de tarot et accessoires à thé.

Marie Laveau's House of Voodoo [67]
739 Bourbon St., 504-581-3751, www.voodooneworleans.com

N'hésitez pas à fouiner dans cette minuscule boutique, souvent pleine à craquer, où vous verrez un tas d'accessoires vaudous et beaucoup de gadgets touristiques. Bougies, poupées, gris-gris, masques et encens. Séances privées de voyance également.

Librairie

Faulkner House Books [61]
624 Pirate's Alley, 504-524-2940

Caverne des merveilles tant pour les lecteurs que pour les collectionneurs, c'est dans cette maison, aujourd'hui une librairie, que l'écrivain William Faulkner a habité lors de son premier séjour en ville en 1925. On y découvre aussi bien des livres neufs que d'occasion, de grands classiques comme des éditions très rares.

Photographie

A Gallery for Fine Photography [59]
241 Chartres St., 504-568-1313, www.agallery.com

Boutique de photographies contemporaines ou anciennes de la ville, de la Louisiane et du sud des États-Unis. Belle collection de photos sur le jazz et la culture afro-américaine également. À acheter ou à admirer.

Souvenirs et décoration

Forever New Orleans [64]
700 Royal St., 504-586-3536

La fleur de lys est à l'honneur dans cette boutique de décoration et de souvenirs ayant pour thème La Nouvelle-Orléans et son passé français. On y trouve aussi bien des coussins que des porte-clés ou des reproductions très tendance de vieilles enseignes à rapporter dans ses bagages.

Vêtements et accessoires

Fifi Mahony's [62]
934 Royal St., 504-525-4343, www.fifimahonys.com

L'arrêt incontournable dans Royal Street afin de se déguiser et de se maquiller en vue d'une soirée d'Halloween ou encore d'un défilé du Mardi Gras! Fifi Mahony's est une drôle de boutique où l'on trouve des perruques et tout l'attirail indispensable à une soirée colorée et mémorable à La Nouvelle-Orléans.

Fleur de Paris [63]
523 Royal St., 504-525-1899, www.fleurdeparis.net

Raffinement et élégance à la parisienne dans cette boutique ouverte en 1980, spécialisée dans les vêtements, les chapeaux et les accessoires de mode. Idéale pour celles qui se cherchent une robe à paillettes pour une occasion bien spéciale.

Le Vieux Carré français

2

Le Faubourg Marigny et Bywater

À voir, à faire

(voir carte p. 55)

Développés au tournant du XIXe siècle lorsque la population du Vieux Carré français a atteint son seuil de saturation, le **Faubourg Marigny** ★★ et **Bywater** sont deux quartiers tranquilles sillonnés de rues aux belles maisons créoles de plain-pied, colorées et fleuries. Situés l'un à côté de l'autre le long du Mississippi, ils sont délimités par l'avenue Esplanade à l'ouest et l'Industrial Canal, un long canal reliant le fleuve au lac Pontchartrain à l'est. Ce qui démarque les deux quartiers, ce ne sont ni leurs musées ni leurs vues sur le Mississippi, mais bel et bien la concentration de bons petits restaurants de quartier et surtout de boîtes de jazz de renom, comme dans la répu-tée rue Frenchmen. N'hésitez pas à flâner en fin d'après-midi dans le Marigny Triangle, formé d'Esplanade Avenue, Dauphine Street et French-men Street, et à dîner sur une ter-rasse avant de terminer la soirée au son de la voix éraillée d'un chanteur de jazz et des mélodies d'un saxo-phoniste.

Ce circuit peut être facilement par-couru à pied. Vous pouvez l'entre-prendre aux limites est du French Quarter, à l'intersection de votre choix avec Esplanade Avenue, en vous dirigeant ensuite vers le sud, c'est-à-dire en direction du fleuve Mississippi.

Esplanade Avenue ★★★ [1]
de N. Roberston St. à N. Peters St.

Esplanade Avenue sépare le Vieux Carré français du Faubourg Mari-gny par un large terre-plein central

Frenchmen Street.

planté de gros chênes centenaires. Autrefois surnommée *Millionnaire's Row* (l'allée des millionnaires), elle est pour ainsi dire l'homologue créole de l'avenue Saint Charles du Garden District. Les familles de la bonne société française s'y sont installées en nombre au cours du XIXe siècle, nous offrant encore aujourd'hui le plaisir d'admirer leurs somptueuses demeures colorées.

Après avoir descendu Esplanade Avenue, tournez à gauche dans Frenchmen Street et remontez jusqu'à Royal Street.

Frenchmen Street ★ ★ ★ [2]
de Decatur St. à Dauphine St.

Sept jours sur sept, de la fin d'après-midi jusqu'aux petites heures du matin, les mélodies de jazz et les sonorités de trompette résonnent dans la rue Frenchmen, d'une acoustique sans pareille. Cette rue du Faubourg Marigny est en pleine renaissance sociale et musicale et c'est maintenant là que se trouvent les meilleurs bars de musique *live* de la ville. Avec ses cafés et ses restos accolés les uns aux autres, une énergie palpable est concentrée dans cet espace de seulement trois pâtés de maisons. Une qualité de vie nocturne bien supérieure à la sulfureuse Bourbon Street.

Washington Square Park ★ [3]
700 Elysian Fields Ave., entre Frenchmen St., Dauphine St. et Royal St.

Espace vert encadré de vieux chênes, ce petit parc est un lieu de rencontre et de détente très prisé par les résidents du Faubourg Marigny. Les gens viennent y profiter de l'ombre des arbres, jouer au fris-

Le Faubourg Marigny et Bywater

À voir, à faire ★

1.	AY	Esplanade Avenue
2.	AX	Frenchmen Street
3.	AY	Washington Square Park
4.	AY	Musée Rosette Rochon
5.	CY	Plaque Plessy v. Ferguson

Cafés et restos ●

6.	DZ	Bacchanal
7.	CZ	Elizabeth's Restaurant
8.	BY	Feelings Café
9.	AY	Gene's Po-Boy
10.	AY	Marigny Brasserie & Bar
11.	CY	Mariza
12.	CY	Maurepas Food
13.	DZ	The Joint
14.	AY	The Praline Connection
15.	AY	The Ruby Slipper

Bars et boîtes de nuit ♪

16.	AY	Blue Nile
17.	AY	d.b.a.
18.	AY	Snug Harbor Jazz Bistro
19.	AY	The Spotted Cat Music Club
20.	AY	The Three Muses

Lèche-vitrine ■

21.	BY	American Aquatic Gardens and Gifts
22.	AY	Electric Ladyland Tattoo
23.	BY	Island of Salvation Botanica
24.	AY	Louisiana Music Factory
25.	CY	Piety Street Sno-Balls

Hébergement ▲

26.	BY	Auld Sweet Olive Bed & Breakfast
27.	BY	B&W Courtyards Bed and Breakfast
28.	AY	Caprice Cottage
29.	AZ	Hotel de la Monnaie
30.	DY	Maison de Macarty
31.	AY	Maison Dubois

bee ou encore faire un pique-nique, avant de passer la soirée à écouter les concerts de la rue Frenchmen.

Au nord du parc, prenez à gauche Dauphine Street puis à droite Pauger Street.

Musée Rosette Rochon ★ [4]

5$, visites sur rendez-vous; 1515 Pauger St., angle Dauphine St., 504-947-7673, www.rosetterochon.com

Ce musée s'intéresse à l'histoire des «Gens de couleur libres», comme celle de Rosette Rochon, proprié-taire du cottage créole dans lequel se trouve le musée. Cette métisse, née en 1767 d'un riche planteur blanc et d'une esclave noire, fut l'une des premières à investir dans l'immobilier du Faubourg Marigny. Elle est devenue l'une des person-nalités les plus riches de La Nou-velle-Orléans, malgré les préju-gés sociaux et raciaux de l'époque. Visite en français sur demande.

Revenez sur vos jusqu'au Washing-ton Square Park et poursuivez vers

l'est dans Dauphine Street avant de tourner à droite dans Press Street.

Plaque Plessy v. Ferguson [5]
angle Press St. et Royal St.

Cette plaque commémorative fait référence à un moment-clé dans l'histoire de la ségrégation raciale en Louisiane. C'est à cet endroit précis qu'en 1892 Homer Plessy, un Américain noir, monta dans une voiture de tramway réservée aux Blancs. Cet acte de désobéissance civile face à la doctrine *Separate but equal* (Séparés mais égaux), issue de l'après-guerre de Sécession, conduisit à un procès d'envergure mené par le juge Ferguson. Plessy perdit sa cause et la Cour suprême entérina la doctrine raciale qui a persisté jusque dans les années 1950 dans les États américains du Sud.

Cafés et restos
(voir carte p. 55)

Gene's Po-Boy $ [9]
1040 Elysian Fields Ave., 504-943-3861

Ce restaurant situé à proximité du Marigny Triangle ne se targue pas d'avoir une belle salle ni une carte de boissons variées, seulement d'être ouvert 24 heures sur 24 et de préparer d'excellents *po' boys*, généralement servis accompagnés d'une sauce forte maison. Argent comptant seulement.

Bacchanal $-$$ [6]
600 Poland Ave., 504-948-9111,
www.bacchanalwine.com

À la fois bar, magasin de vins, boîte de jazz et restaurant, Bacchanal est très apprécié de sa clientèle, tant locale que touristique. On y vient pour profiter de son jardin au son d'un concert et manger des plats d'inspiration espagnole, comme des tapas et de la charcuterie accompagnée de légumes grillés et épicés. Les prix sont très abordables et la carte des vins est étoffée. Pour les 21 ans et plus.

Elizabeth's Restaurant $-$$ [7]
601 Gallier St., 504-944-9272,
www.elizabethsrestaurantnola.com

Il s'agit d'une très bonne adresse du quartier Bywater, plus accessible en voiture qu'à pied depuis le French Quarter toutefois. Le chef Byron Peck a repris la philosophie de la première propriétaire des lieux: *Real food done real good!* (De la vraie nourriture bien préparée!). Sandwichs savoureux le midi, plats raffinés en soirée.

Maurepas Food $-$$ [12]
fermé mer; 3200 Burgundy St., 504-267-0072,
www.maurepasfoods.com

Ce restaurant du quartier Bywater, situé en plein secteur résidentiel, sert une cuisine simple et créative. Les légumes sont à l'honneur sous une déclinaison de salades, de sandwichs et de repas chauds appétissants et savoureux. Les amateurs de viande et de fruits de mer ne seront

The Praline Connection.

pas en reste, et le rapport qualité/ prix est vraiment surprenant!

The Joint $-$$ [13]
701 Mazant St., 504-949-3232,
www.alwayssmokin.com

Ambiance bon enfant dans cette gargote de quartier (*joint* en anglais) aux murs jaune paille et aux tables de pique-nique... même à l'intérieur! On y sert beaucoup de plats de viande fumée, relevés d'épices cajuns, sans grande fioriture mais avec beaucoup de goût. Gardez une petite place pour la *peanut butter pie* (tarte au beurre d'arachide) au dessert!

Feelings Café $$ [8]
2600 Chartres St., 504-945-2222,
www.feelingscafe.com

Situé à moins de 10 min à pied du Vieux Carré français, le Feelings Café est très apprécié des résidents qui se déplacent parfois de l'autre côté de la ville pour un dîner tranquille ou le brunch du dimanche, très réputé. La cour ombragée ainsi qu'une salle quelque peu défraîchie sont fort agréables et confèrent une ambiance unique à ce restaurant qui mise justement sur l'ancienneté des lieux. Cuisine éclectique et plats végétaliens au menu.

The Praline Connection $$ [14]
542 Frenchmen St., 504-943-3934,
www.pralineconnection.com

Ce petit restaurant de quartier aux deux salles plutôt ordinaires cache une véritable institution de la cuisine créole et de la *soul food* (cuisine afro-américaine) louisianaises. Les serveurs ont à cœur de perpétuer cette tradition et arborent fiè-

Le Faubourg Marigny et Bywater

1. The Ruby Slipper.
2. Marigny Brasserie & Bar
3. d.b.a.

rement leur chemise blanche, chapeau noir et cravate bariolée. La carte affiche un menu épicé composé de *jambalaya*, de poivrons farcis et de gombos frits (le légume à l'origine du plat qu'est le *gumbo*, ou « gombo » en français). Sans oublier les pralines sucrées à manger sur place ou pour emporter.

The Ruby Slipper *$$* [15]
2001 Burgundy St., 504-525-9355,
www.therubyslippercafe.net
Restaurant de quartier qui a élu domicile dans une ancienne banque, le Ruby Slipper est une bonne adresse pour les petits déjeuners et les brunchs qui revisitent de grands classiques à la sauce louisianaise. Les spécialités de la maison : un gruau aux crevettes barbecue, les œufs bénédictine et le pain perdu à la mode bananes flambées ! Autres adresses dans le French Quarter et le Central Business District.

Marigny Brasserie & Bar
$$-$$$ [10]
640 Frenchmen St., 504-945-4472,
www.marignybrasserie.com
Pour manger dans Frenchmen Street avant d'aller passer la soirée dans une boîte de jazz voisine, rien de mieux que cette brasserie contemporaine à la cuisine mariant influences européennes et saveurs du sud des États-Unis. Au menu : risottos et poissons grillés, en plus des sandwichs, hamburgers, *crab cakes* et salades.

Mariza *$$-$$$* [11]
fermé dim-lun; 2900 Chartres St.,
504-598-5700, http://marizaneworleans.com
Nouvelle adresse à la mode du quartier Bywater, Mariza est un restaurant de cuisine italienne contem-

poraine qui mérite le déplacement. Salami, crostini, bruschetta, ricotta, tagliatelles et polenta font chanter les serveurs lorsqu'ils énumèrent les plats du jour.

Bars et boîtes de nuit *(voir carte p. 55)*

Blue Nile [16]
532 Frenchmen St., 504-948-2583, www.bluenilelive.com

Cette boîte propose une programmation éclectique, du blues au jazz en passant par le reggae et le rock, avec habituellement deux spectacles par soir, le premier aux alentours de 19h-20h, le deuxième débutant rarement avant 22h. Très populaire, le Blue Nile a servi de toile de fond pour plusieurs scènes de la série télévisée *Treme*.

d.b.a. [17]
618 Frenchmen St., 504-942-3731, www.dbaneworleans.com

Lieu de prédilection de la population jeune et branchée de La Nouvelle-Orléans, d.b.a. offre une impressionnante sélection de bières et de spiritueux à déguster tout en écoutant un groupe de rock ou de blues. La salle n'est pas très grande et il est presque impensable de trouver un siège un soir de fin de semaine.

Snug Harbor Jazz Bistro [18]
626 Frenchmen St., 504-949-0696, www.snugjazz.com

Le Snug Harbor est l'une des plus anciennes boîtes de jazz du Faubourg Marigny et l'une des plus chics de la rue Frenchmen. La salle avec mezzanine offre une excellente vue sur la scène. L'établissement accueille depuis plus de

Berceau du jazz

L'histoire du jazz est complexe et ne s'est pas faite en un jour. Les premières notes de ce genre musical remontent à la fin du XIXe siècle et seraient l'œuvre d'un trompettiste de La Nouvelle-Orléans, Buddy Bolden. Jugé choquant et inconvenant, le jazz était à l'époque joué par les musiciens des défilés du Mardi Gras, organisés par les *Krewes* venant de quartiers peu fréquentables comme Tremé et Storyville, ce dernier ayant été rasé pour faire aujourd'hui place à la rue Rampart, au nord du Vieux Carré français. C'est d'ailleurs là que Louis Armstrong aurait tout appris du jazz, dans les couloirs de la maison close où travaillait sa mère, selon la légende. Le jazz est étroitement lié à un autre courant musical afro-américain du sud des États-Unis, celui du blues, dont le mariage a créé le rhythm and blues dans les années 1950.

Parmi la longue liste des musiciens réputés originaires de La Nouvelle-Orléans, citons le saxophoniste et compositeur Sidney Bechet, le pianiste et compositeur Jelly Roll Morton, le pianiste et chanteur Fats Domino et le compositeur Allen Toussaint, sans oublier les deux grandes familles musicales que sont les Marsalis (Ellis, Branford, Wynton, Delfeayo et Jason) et les Neville (Art, Aaron, Cyril et Charles).

30 ans la crème de la scène musicale américaine, pas seulement louisianaise.

The Spotted Cat Music Club [19]
623 Frenchmen St.,
www.spottedcatmusicclub.com

Pour ceux qui ne voudraient pas rentrer trop tard à l'hôtel, le Spotted Cat est l'un des rares endroits à proposer des concerts dès la fin d'après-midi *(à 16h en semaine, à 14h le week-end)*. On y écoute de tout, du rock au blues en passant par la salsa, même si le jazz traditionnel y est le genre musical phare. Paiement en espèces seulement.

The Three Muses [20]
536 Frenchmen St., 504-252-4801,
www.thethreemuses.com

Devant en grande partie sa réputation à sa propriétaire et musi-

Electric Ladyland Tattoo.

cienne de talent Sophie Lee, The Three Muses est un lieu unique où la décoration offre un intéressant mélange de styles contemporain et rétro de type *saloon*. Ici, la qualité de la musique rivalise aisément avec celle des concurrents voisins. Les mineurs (âgés de moins de 21 ans) sont les bienvenus jusqu'à 21h.

Lèche-vitrine
(voir carte p. 55)

Alimentation

Piety Street Sno-Balls [25]
612 Piety St., 504-782-2569
Si la chaleur se fait ressentir, optez pour ce comptoir de crème glacée qui propose des *sno-balls* (une énorme boule de glace pilée, avec un filet de sirop coloré) aux parfums fruités et originaux. Situé à deux

pas du Crescent Park, en bordure du Mississippi.

Décoration intérieure

American Aquatic Gardens and Gifts [21]
621 Elysian Fields Ave., 504-944-0410, www.americanaquaticgardens.com
Sélection d'objets éclectiques à tendance orientale qui trouveront leur place sur votre balcon, dans votre jardin ou sur votre cheminée. Si la boutique ne vous inspire pas, la visite de son beau jardin arrière pourra vous consoler.

Insolite

Electric Ladyland Tattoo [22]
610 Frenchmen St., 504-947-8286, http://electricladylandtattoo.com
Pourquoi ne pas immortaliser votre passage à *NOLA* en vous faisant tatouer une fleur de lys chez Electric Ladyland Tattoo? Ce tatoueur

de renom, situé en plein cœur du Faubourg Marigny, s'est discrètement glissé entre les meilleures boîtes de jazz de Frenchmen Street.

Musique

Louisiana Music Factory [24]
421 Frenchmen St., 504-586-1094,
www.louisianamusicfactory.com

Véritable Mecque du mélomane collectionneur, la Louisiana Music Factory offre une vaste sélection d'œuvres de blues, jazz, R&B, gospel, cajun, reggae, et autres bluegrass, déclinées en différents produits (CD et DVD, en plus des livres et des t-shirts).

Louisiana Music Factory.

Island of Salvation Botanica [23]
2372 Saint Claude St., 504-948-9961,
www.feyvodou.com

Repère des amateurs de vaudou, cette boutique offre une large gamme d'accessoires, d'herbes, d'encens, de bougies, de masques et de statuettes utiles à la pratique de ce culte animiste venu d'Afrique à travers les esclaves. Autres services de voyance et de soins spirituels proposés sur place.

NOLA, pour les intimes

Si l'on devait mesurer l'affection que l'on porte à une ville en fonction du nombre de surnoms qu'on lui attribue, La Nouvelle-Orléans serait dans le haut du palmarès des villes américaines. Voici quelques-uns de ses sobriquets les plus populaires : *Nawlins* (en référence à la prononciation «mâchée» du nom par ses résidents), *The Big Easy* (vieux surnom faisant référence au doux mode de vie de la ville, popularisé dans les années 1970 à la suite de la parution du roman *The Big Easy* de James Conaway), *NOLA* (acronyme de «New Orleans, Louisiana») ou encore *The Crescent City* (la ville du Croissant – car la ville suit un méandre du Mississippi).

Le Faubourg Marigny et Bywater

3

Le Central Business District et l'Arts District

À voir, à faire

(voir carte p. 65)

Le **Central Business District (CBD)** ★★ est situé à l'ouest de Canal Street, la frontière historique entre le Vieux Carré français et les faubourgs plus modernes où se sont installés les Américains après la vente de la Louisiane aux États-Unis. Contrastant fortement avec les petits bâtiments créoles, de hauts immeubles et de grandes chaînes d'hôtels se succèdent dans un secteur délimité par deux artères importantes, South Claiborne Avenue au nord et la Pontchartrain Expressway à l'ouest. L'**Arts District** ★, un sous-secteur du CBD également connu sous le nom de Warehouse District, est un quartier d'anciens entrepôts reconvertis en lofts et en galeries d'art par de

jeunes professionnels dans les dernières décennies.

Ces deux secteurs de la ville moderne deviennent de plus en plus tendance pour les sorties nocturnes, et plusieurs restaurants, classiques ou plus contemporains, y ont ouvert leurs portes ces dernières années. L'offre culturelle est également diversifiée avec plusieurs musées parmi les plus populaires de la ville, comme l'Ogden Museum et le musée consacré à la Seconde Guerre mondiale.

Canal Street ★★ [1]

Canal Street porte ce nom en raison d'un projet de construction d'un canal reliant le Mississippi au lac Pontchartrain… qui n'a finalement jamais vu le jour! À sa place, se trouve aujourd'hui l'artère la plus importante de La Nouvelle-Orléans,

Le Central Business District et l'Arts District

Le Central Business District et l'Arts District

À voir, à faire ★

1. CX Canal Street
2. CY Lafayette Square
3. CY Gallier Hall
4. CY Lee Circle
5. CY Confederate Memorial Hall Museum
6. CY Ogden Museum of Southern Art
7. CY Contemporary Arts Center (CAC)
8. CZ National WWII Museum
9. CY Julia Street
10. DY Louisiana Children's Museum
11. DZ Scrap House
12. DX Creole Queen
13. DX Audubon Aquarium of the Americas
14. DX Audubon Butterfly Garden and Insectarium
15. AX Mercedes-Benz Superdome
16. BZ Southern Food and Beverage Museum/Museum of the American Cocktail
17. EZ Blaine Kern's Mardi Gras World

Cafés et restos ●

18. DX August
19. BY Borgne
20. DX Café Adelaide
21. DY Cochon
22. DY Cochon Butcher
23. CX Domenica
24. DY Emeril's
25. CY Herbsaint Bar and Restaurant
26. DX MiLa
27. DX Mother's Restaurant
28. DY Root

Bars et boîtes de nuit ♪

29. BX Little Gem Saloon
30. DY Manning's
31. DX Polo Club Lounge
32. DX Swizzle Stick Bar
33. DY W.I.N.O.

Salles de spectacle ◆

34. CX Saenger Theatre

Lèche-vitrine ■

35. CX Meyer the Hatter
36. CX Rubensteins
37. DY The Outlet Collection at Riverwalk
38. DX The Shops at Canal Street

Hébergement ▲

39. CX Drury Inn & Suites – New Orleans
40. CX International House Hotel
41. DX Loews New Orleans Hotel
42. CX The Roosevelt New Orleans
43. DX Windsor Court Hotel

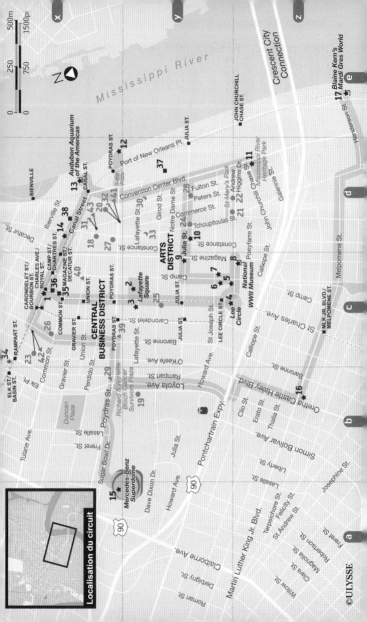

Localisation du circuit

©ULYSSE

Mississippi River

Crescent City Connection

CENTRAL BUSINESS DISTRICT

ARTS DISTRICT

Audubon Aquarium of the Americas

Mercedes-Benz Superdome

National WWII Museum

Port of New Orleans Pl.

Convention Center Blvd.

Mississippi River Heritage Park

Blaine Kern's Mardi Gras World

17

15

16

19

29

39

1

26

23

34

42

35

36

40

14 38

18

27

31 43

20 32

41

13

12

37

33

30

9

24

10

8

7 6

5 4

2

3

25

21 22

11

28

0   250   500m
0   750   1500pi

N

Canal Street.

qui traverse le centre-ville du nord au sud : une grande avenue à quatre voies et aux larges trottoirs piétonniers. Au milieu des voitures, les *streetcars* rouges sillonnent l'avenue par ce qu'on appelle le *neutral ground*, le parterre central qui servait autrefois de séparation géographique et sociale entre le Vieux Carré français et le CBD américain. De nombreux hôtels de luxe, restaurants et boutiques se succèdent de part et d'autre de ce qui est de nos jours le cœur dynamique de la ville.

Empruntez Saint Charles Avenue vers le sud.

Lafayette Square ★ [2]
Conçue en 1788 comme place publique du Faubourg Sainte-Marie, à l'époque la première banlieue de La Nouvelle-Orléans, cette place fut nommée en l'honneur du marquis de La Fayette alors qu'il visitait La Nouvelle-Orléans en 1825. Héros de la guerre de l'Indépendance américaine, Lafayette avait décliné l'offre de devenir le premier gouverneur de la Louisiane au moment de l'achat de celle-ci par les États-Unis en 1803. Des concerts gratuits sont présentés sur la place tous les mercredis en été.

Gallier Hall ★ [3]
accès limité au public; 545 Saint Charles Ave., www.nola.gov/gallier-hall
Cet impressionnant édifice blanc aux allures de temple grec, avec ses colonnes ioniques et sa structure de marbre, porte le nom de son architecte, James Gallier Sr., qui en dessina les plans dans les années 1840. Il abrita l'hôtel de ville de La Nouvelle-Orléans jusqu'en 1957. Plusieurs grands personnages de

Lafayette Square.

Le Central Business District et l'Arts District

la ville et de la Louisiane y reposent aujourd'hui, comme le président des États confédérés, Jefferson Davis, le général P.G.T. Beauregard, ainsi que le chanteur de R&B des années 1960, Ernie K-Doe.

Lee Circle [4]
angle Saint Charles Ave. et Howard Ave.

Porte de sortie du CBD lorsque l'on se dirige vers le Garden District, cette place circulaire abrite en son centre une colonne de 18 m surmontée d'une statue en bronze de Robert E. Lee, général des États confédérés lors de la guerre de Sécession. Si vous arrivez dans le secteur à bord du **Saint Charles Avenue Streetcar** (voir p. 80), c'est ici que vous descendrez pour vous rendre dans les quatre importantes institutions culturelles du quartier, décrites ci-dessous.

Depuis le Lee Circle, empruntez Andrew Higgins Drive en direction du fleuve Mississippi et tournez à gauche dans Camp Street.

Confederate Memorial Hall Museum ★ [5]
8$; mar-sam 10h à 16h; 929 Camp St., 504-523-4522, www.confederatemuseum.com

Situé dans un beau bâtiment de briques rouges, ce musée date de 1891, ce qui en fait le plus vieux de la Louisiane. Il renferme des expositions et des collections commémoratives constituées d'uniformes, de drapeaux et de photographies. On peut également y voir plusieurs objets ayant appartenu au général Lee ou au général Beauregard, deux grandes figures de la guerre civile américaine, ainsi qu'une intéressante section sur les régiments créoles.

Le Central Business District et l'Arts District

Ogden Museum of Southern Art.

Ogden Museum of Southern Art ★★ [6]

10$; mer-lun 10h à 17h; 925 Camp St., 504-539-9650, www.ogdenmuseum.org

Voisin du Confederate Memorial Hall Museum, ce musée met en lumière les plus belles œuvres artistiques provenant de 15 États du sud du pays. Peintures et photographies du XVIIIe siècle jusqu'à nos jours se côtoient dans des pièces lumineuses réparties dans trois vastes bâtiments. Soirées musicales les jeudis, de 18h à 20h.

Contemporary Arts Center (CAC) ★ [7]

entrée libre; mer-lun 11h à 17h; 900 Camp St., angle Saint Joseph St., 504-528-3805, www.cacno.org

Galerie d'art contemporain en pleine effervescence, ce lieu est la vitrine de l'innovation artistique de La Nouvelle-Orléans. Comme plusieurs institutions de l'Arts District, ses expositions d'artistes locaux et internationaux sont installées dans d'anciens entrepôts d'usines. Le CAC accueille régulièrement des conférences, des concerts ainsi que le **New Orleans Film Festival** (voir p. 149).

Revenez sur vos pas jusqu'à Andrew Higgins Drive et prenez à gauche.

National WWII Museum ★★★ [8]

à compter de 23$; tlj 9h à 17h; 945 Magazine St., entrée principale par Andrew Higgins Dr., 504-528-1944, http://nationalww2museum.org

Cet impressionnant musée à cinq ailes, réparties de part et d'autre de Magazine Street et d'Andrew Higgins Drive, est un bel hommage aux combattants de la Seconde Guerre

National WWII Museum.

mondiale. L'idéal est de commencer la visite par le visionnement du film *Beyond All Boundaries (5$ de plus)*, narré par l'acteur Tom Hanks, qui revient, dans un spectacle de 40 min en quatre dimensions (avec effets visuels et dynamiques), sur les moments-clés du conflit et de l'implication américaine. La visite se poursuit dans les pavillons US Freedom et Louisiana Memorial, où l'on peut observer une collection de matériel militaire (avions, jeeps, bateaux) ainsi que des expositions consacrées au débarquement de Normandie, ou encore participer à une simulation à bord d'un sous-marin *(5$ de plus)*. Un projet d'expansion en cours au moment de mettre sous presse prévoit quadrupler l'espace d'exposition du complexe muséal d'ici 2017.

Revenez sur vos pas jusqu'à Camp Street et dirigez-vous vers le nord jusqu'à Julia Street.

Julia Street ★ [9]

Agréable rue arborée de l'Arts District, Julia Street est reconnue pour sa profusion de galeries d'art contemporain, d'où son surnom de *gallery row* (allée des galeries). Une douzaine de galeries et de boutiques se succèdent des deux côtés de Julia Street entre Camp Street et le Mississippi, et sont installées au rez-de-chaussée d'anciens entrepôts.

Louisiana Children's Museum ★★ [10]

adultes et enfants 8,50$; mar-sam 9h30 à 16h30 (17h en été), dim 12h à 16h30h; 420 Julia St., 504-523-1357, www.lcm.org

Au Louisiana Children's Museum, l'un des musées pour enfants les

Audubon Aquarium of the Americas.

plus populaires aux États-Unis, les plus petits pourront s'amuser à jouer aux grands dans plusieurs décors à petite échelle de la vie quotidienne, comme une épicerie ou un remorqueur sur le Mississippi. Les adolescents pourront quant à eux profiter des activités à vocation scientifique.

Dirigez-vous vers le Mississippi et prenez à droite Convention Center Boulevard jusqu'à John Churchill Chase Street.

Scrap House [11]
angle Convention Center Blvd. et John Churchill Chase St.

Cette œuvre d'art public, une sculpture constituée d'une maison de bois soufflée par les vents jusqu'au sommet d'un arbre, rend hommage aux victimes de l'ouragan *Katrina*. L'artiste Sally Heller a récolté et utilisé les débris qui jonchaient les rues après la tempête pour fabriquer cette sculpture colorée et poignante, illustration des effets destructeurs de l'ouragan sur la ville et ses habitants.

Faites demi-tour sur Convention Center Boulevard et marchez jusqu'à Poydras Street.

Creole Queen ★★ [12]
croisière 27$, dîner-croisière 74$; 1 Poydras St., 504-529-4567 ou 800-445-4109, www.creolequeen.com

Deux bateaux proposent des croisières sur le Mississippi, le **Steamboat *Natchez*** (voir p. 41) et le *Creole Queen*, ce dernier partant du quai à l'extrémité de Poydras Street, à côté du centre commercial **Outlet Collection at Riverwalk** (voir p. 79). Le *Creole Queen* est un authentique bateau à aubes de

Mardi Gras

Événement attendu toute l'année par les Louisianais, le Mardi Gras est l'apogée d'un mois de festivités, de concerts et de défilés qui se déroulent entre le jour de l'Épiphanie (6 janvier) et le carême, qui débute le mercredi des Cendres (dates variables). Cette tradition a été héritée des premiers colons français, puis transmise de génération en génération. Le carnaval a pris une envergure telle qu'il attire aujourd'hui des touristes du monde entier qui viennent applaudir pendant le défilé les différentes *Krewes* (de *crew*, «équipe» en anglais) paradant sur leur char décoré à l'effigie de personnages de contes, de la mythologie ou de célébrités. Les *Krewes* suivent en musique un circuit qui traverse la ville par Saint Charles Avenue, Canal Street et plusieurs rues du French Quarter, lançant les fameux colliers de perles, des bonbons et des *doubloons* (pièces d'or). C'est l'occasion de se déguiser aux couleurs du carnaval, habituellement en violet, vert et or, et de goûter aux King's Cakes, des pâtisseries élaborées spécialement pour les festivités. Les autres grandes villes de la Louisiane comme Baton Rouge et Lafayette célèbrent également le Mardi Gras, tout comme la ville de Houma, en pays cajun, qui rend hommage aux communautés amérindiennes de la région pendant l'Indian Mardi Gras, lors duquel les chars sont décorés de plumes et de bijoux commémoratifs.

style victorien semblable à ceux qui naviguaient sur le fleuve au milieu des années 1800. Il quitte le quai tous les jours à 14h (embarquement à 13h30) pour une croisière de 2h30 remontant le fleuve jusqu'au lieu historique de la bataille de La Nouvelle-Orléans (1815), appelé Chalmette Battlefield. Il est possible d'y faire un arrêt pour le visiter à pied.

Revenez sur Convention Center Boulevard, dirigez-vous vers le nord et tournez à droite dans Canal Street.

Audubon Aquarium of the Americas ★★ [13]

adultes 22,50$, enfants 16$; mar-dim 10h à 17h; 1 Canal St., 504-581-4629 ou 800-774-7394, www.auduboninstitute.org

Géré par l'Audubon Nature Institute, cet «Aquarium des Amériques» abrite, dans un grand bâtiment

Le Central Business District et l'Arts District

Audubon Butterfly Garden and Insectarium.

contemporain fait de verre et de brique, plusieurs immenses bassins reconstituant notamment les environnements aquatiques du golfe du Mexique et du delta du Mississippi avec ses alligators. Tout aussi fascinants : la passerelle au-dessus de la forêt amazonienne et le couloir vitré traversant une barrière de corail. Une bonne option en cas de pluie ou de fortes chaleurs.

Audubon Butterfly Garden and Insectarium ★ [14]

adultes 16,50$, enfants 12$; mar-dim 10h à 17h; 423 Canal St., 504-581-4629
ou 800-774-7394, www.auduboninstitute.org

Avec ses 900 000 espèces, l'Audubon Butterfly Garden and Insectarium est la plus importante institution entièrement dédiée aux insectes aux États-Unis. Les visiteurs sont invités à les toucher et à les nourrir ou encore à apprendre

comment les cuisiner! C'est l'occasion également de découvrir la population minuscule qui se cache dans le sol des bayous. À ne pas manquer : le jardin japonais et ses centaines de papillons multicolores en liberté.

Remontez Canal Street en vous éloignant du fleuve et tournez à gauche dans Baronne Street puis à droite dans Poydras Street.

Mercedes-Benz Superdome ★ [15]

1500 Sugar Bowl Dr., 504-587-3663
ou 800-756-7074, www.superdome.com

Temple de la démesure à l'américaine, le stade du Superdome peut accueillir plus de 80 000 spectateurs lors des événements musicaux et sportifs les plus populaires de la ville. Son immense toit, juché à une hauteur équivalant à 30 étages,

Southern Food and Beverage Museum.

Le Central Business District et l'Arts District

abrite du soleil ou de la pluie les matchs du Sugar Bowl et ceux des Saints, l'équipe de football de La Nouvelle-Orléans. Le Superdome a tristement fait la manchette des journaux en 2005, lorsqu'il a hébergé des milliers de réfugiés après le passage dévastateur de l'ouragan *Katrina*.

Les deux attraits suivants sont plus éloignés. Si vous désirez vous y rendre en transports en commun, notez que les arrêts de tramway sont indiqués ci-dessous pour chacun. Si vous préférez y aller à pied (comptez environ 30 min de marche entre chaque attrait), rejoignez d'abord Loyola Avenue à l'est du stade. Dirigez-vous vers le sud sur cette avenue, puis prenez Calliope Street à gauche et Oretha Castle Haley Boulevard à droite.

Southern Food and Beverage Museum ★ [16]
10$; jeu-lun 11h à 17h30; 1504 Oretha Castle Haley Blvd., arrêt de tramway Saint Charles Avenue/Melpomene Street, puis marchez vers le nord sur Martin Luther King Blvd., 504-569-0405, www.southernfood.org

Des pralines aux crevettes du golfe du Mexique en passant par les recettes traditionnelles héritées des Cajuns, des Amérindiens ou encore des Espagnols, on y apprend tout de la culture culinaire du sud des États-Unis et des saveurs multiethniques de la Louisiane en particulier. Au même endroit se trouve le **Museum of the American Cocktail** *(compris dans le droit d'entrée du Southern Food and Beverage Museum; www.cocktailmuseum. org)*, où l'on découvre, par exemple, les secrets de la fabrication du sazerac, l'un des plus vieux cock-

Le Central Business District et l'Arts District

Cochon.

tails des États-Unis, inventé par un pharmacien de La Nouvelle-Orléans.

Pour vous rendre au prochain attrait à pied, suivez Martin Luther King Boulevard (qui devient plus loin Melmomene Street) vers l'est, puis prenez à droite Tchoupitoulas Street et à gauche Henderson Street pour rejoindre Port of New Orleans Place.

Blaine Kern's Mardi Gras World ★★ [14]

adultes 19,95$, enfants 12,95$; tlj 9h30 à 17h30; 1380 Port of New Orleans Place, arrêt de tramway John Churchill Chase, puis 600 m à pied en direction sud, 504-361-7821 ou 866-307-7026, www.mardigrasworld.com

Si votre visite au **Presbytere** (voir p. 32) du French Quarter pour voir son exposition de costumes du Mardi Gras ne vous a pas suffi, rendez-vous au musée de Blaine Kern, situé de l'autre côté de la Pontchar-

train Expressway. D'immenses chars allégoriques bariolés y sont entreposés dans un grand bâtiment où l'on peut également observer des artistes qui préparent les prochains défilés. Tours guidés tous les jours.

Cafés et restos

(voir carte p. 65)

Cochon Butcher *$-$$* [22]
930 Tchoupitoulas St., entrée sur Andrew Higgins Dr., 504-588-7675, www.cochonbutcher.com

Dans la lignée du restaurant Cochon (voir ci-dessous), Cochon Butcher propose une carte aux saveurs cajuns mais plus légère que sa maison mère, idéale donc pour préparer un pique-nique ou prendre un lunch sur le pouce avant de visiter les musées du quartier. La viande fumée maison est à tomber à la renverse, qu'elle soit servie en assiette de charcuteries ou en sandwich.

Mother's Restaurant $-$$ [27]
401 Poydras St., 504-523-9656,
www.mothersrestaurant.net

Gumbos, *po' boys*, *jambalayas* et autres recettes typiques de la cuisine cajun sont au menu de cette véritable cantine populaire louisianaise, située dans un très vieux bâtiment de briques rouges.

Cochon $$ [21]
930 Tchoupitoulas St., 504-588-2123,
www.cochonrestaurant.com

De style jeune et branché, cette brasserie se spécialise dans la cuisine du sud des États-Unis. Les produits utilisés proviennent tous de fermes et d'élevages de la région et sont mis à l'honneur dans d'appétissantes assiettes. N'hésitez pas à goûter au sandwich mariant huîtres et bacon ou encore à la viande d'alligator frite avec sa mayonnaise ail et chili.

Borgne $$-$$$ [19]
Hyatt Regency New Orleans, 601 Loyola Ave.,
504-613-3860, www.borgnerestaurant.com

Restaurant très intéressant pour ceux qui logent à l'hôtel Hyatt Regency ou dans les parages, Borgne célèbre les fruits de mer de la côte louisianaise du golfe du Mexique. Son nom est emprunté à la petite ville côtière d'où sont originaires les grands chefs de la cuisine John Besh (le chef des restaurants August et Domenica) et Brian Landry. On aime particulièrement les spaghettis aux huîtres!

Café Adelaide $$-$$$ [20]
Loews New Orleans Hotel, 300 Poydras St.,
504-595-3305, www.cafeadelaide.com

Malgré sa dénomination de Café, il s'agit bien d'un restaurant, de cuisine créole contemporaine en l'occurrence. Pour chaque repas de la journée, le menu spécial proposé par le chef Carl Schaubhut s'avère toujours un bon choix pour goûter aux meilleures saveurs locales. Et les martinis ne coûtent que 25 cents le midi, pourquoi s'en priver?

Domenica $$-$$$ [23]
The Roosevelt New Orleans, 123 Baronne St.,
504-648-6020, www.domenicarestaurant.com

Comme son nom le laisse entendre, ce restaurant propose une cuisine italienne, aux recettes traditionnelles, servie dans une salle plutôt contemporaine. C'est le chef louisianais John Besh qui dirige cet établissement situé dans le bel hôtel Roosevelt. Si vous en avez la possibilité, profitez du *happy hour (tlj 14h à 17h)* qui offre la carte des pizzas et des boissons à moitié prix!

Herbsaint Bar and Restaurant $$-$$$ [25]
701 Saint Charles Ave., 504-524-4114,
www.herbsaint.com

Bistro à la mode, ce restaurant est signé Donald Link, chef émérite qui a hérité son inspiration en cuisine de ses grands-parents de racines cajuns. À la carte, on retrouve donc des plats aux saveurs du sud des États-Unis, dont un *gumbo* aux «z'herbes», réputé l'un des meilleurs en ville. Réservations recommandées.

Cuisine créole vs cuisine cajun

Les similarités entre les cuisines créole et cajun proviennent de l'héritage français commun à ces deux cultures, tandis que leurs dissemblances découlent de la manière dont leurs populations respectives ont utilisé les aliments indigènes trouvés à leur arrivée en Louisiane. Les Créoles, des citadins plutôt riches issus de la colonisation européenne, ont conservé les grandes traditions de la cuisine française tout en s'inspirant des influences culinaires espagnoles, africaines et amérindiennes (épices, légumes et fruits exotiques) rencontrées au fil des ans. Les Cajuns, descendants des Acadiens et habitants ruraux des zones marécageuses (bayous) du sud-est de la Louisiane, ont quant à eux très rapidement tiré parti des ressources de la terre et des rivières (viande, crustacés, poissons) pour adapter les recettes à leur nouvel environnement. C'est ainsi que des traditions culinaires de racines françaises ont évolué différemment en fonction des peuples qui les ont façonnées.

On peut prendre l'exemple de la préparation du roux, la base d'un grand nombre de plats locaux. Si les Créoles ont l'habitude de le faire selon la tradition française à partir de beurre et de farine, les Cajuns, eux, utilisent du lard comme matière grasse, ce qui lui donne une couleur plus foncée. Autre exemple, le *gumbo* créole est constitué d'une base de tomates, ce qui le rend liquide comme une soupe contrairement au *gumbo* cajun, qui n'utilise qu'un roux traditionnel et s'apparente alors à un ragoût. On retrouve ainsi, dans une même recette de base, des interprétations culinaires très différentes, l'une issue d'une gastronomie de ville et l'autre, plutôt de campagne. Cela ne fait que quelques années que la cuisine cajun a fait sa place en ville grâce à des chefs qui revendiquent haut et fort leur culture, avec Paul Prudhomme (K-Paul's Kitchen) comme chef de file.

Root $$-$$$ [28]
200 Julia St., 504-252-9480, www.rootnola.com
Acclamé lors de son ouverture en 2011, le restaurant Root est aujourd'hui moins couru, mais c'est toujours une bonne adresse pour ceux qui cherchent à s'offrir un déjeuner ou un dîner qui sort de l'ordinaire. On se laisse tenter par les *crispy pig ears* (version revisitée des

August.

«oreilles de crisse» québécoises), les rillettes de porc et de canard à la marocaine ou encore le «ménage à foie»!

Emeril's $$$ [24]
800 Tchoupitoulas St., 504-528-9393, www.emerilsrestaurants.com

Adresse parmi les plus haut de gamme du CBD, Emeril's porte le prénom de son chef talentueux, Emeril Lagasse, qui a fait ses classes dans les plus grandes métropoles américaines avant de s'installer à La Nouvelle-Orléans. Son menu met en scène une cuisine créole raffinée intégrant des produits cultivés localement.

MiLa $$$ [26]
Renaissance New Orleans Pere Marquette Hotel, 817 Common St., 504-412-2580, www.milaneworleans.com

Fréquenté par les gens d'affaires le midi, ce restaurant situé à deux pas de Canal Street est une adresse très recommandable. Son nom vient de «Mississippi et Louisiana», les deux États américains d'où est originaire le couple de chefs du MiLa et dont les influences se font sentir dans les plats. Essayez le homard cuit au barbecue aux notes délicates de citron confit.

August $$$-$$$$ [18]
301 Tchoupitoulas St., 504-299-9777, www.restaurantaugust.com

Cette enseigne de renom, certainement la plus chic du CBD, nous transporte en plein quartier Saint-Germain-des-Prés à Paris avec ses allures de bistro aux lambris foncés et aux lustres de cristal. Le chef John Besh signe une élégante carte qui marie plats classiques et contemporains, comme les spaghettinis revisités. Tenue habillée recommandée.

Little Gem Saloon.

Bars et boîtes de nuit *(voir carte p. 65)*

Little Gem Saloon [29]
445 S. Rampart St., 504-267-4863,
www.littlegemsaloon.com

Situé au cœur du CBD, à 5 min à peine du Superdome, ce «petit bijou» tout décoré de velours et de rouge, à la façon d'un *saloon* contemporain, baigne dans une douce atmosphère feutrée parfaite pour apprécier un concert intime de jazz. *Happy hours* et brunchs musicaux également.

Manning's [30]
Harrah's New Orleans, 519 Fulton St.,
504-593-8072, www.harrahsneworleans.com

Royaume du sport logé à l'intérieur du casino Harrah's, le bar d'Archie Manning, célèbre ancien quart arrière de l'équipe des Saints, est le lieu idéal pour assister à un match de football américain devant la télévision, tout en buvant un verre ou en mangeant assis dans un des fauteuils inclinables qui font face à un écran géant.

Polo Club Lounge [31]
Windsor Court Hotel, 300 Gravier St.,
504-522-1994, www.grillroomneworleans.com

Il est de mise de commander un sazerac au très sélect Polo Club Lounge de l'hôtel Windsor Court. Ce bar, pourtant ouvert à tous, rassemble une communauté de fins buveurs de cocktails, de vins d'exception et de champagnes dans une ambiance de club privé très *British*.

Swizzle Stick Bar [32]
Loews New Orleans Hotel, 300 Poydras St.,
504-595-3305, www.cafeadelaide.com

Ce bar est extrêmement réputé auprès de la population locale qui vient y déguster l'un des nombreux cocktails, des plus classiques aux plus audacieux, de la chef Lu Brown. Ne manquez pas les événements Hat-itude (brunchs des samedi et dimanche), qui permettent d'obtenir un cocktail gratuit à la seule condition de porter un chapeau!

W.I.N.O. [33]
610 Tchoupitoulas St., 504-324-8000,
www.winoschool.com

Nommé selon l'acronyme du Wine Institute of New Orleans, ce bar ne se contente pas de servir des verres de vin, il propose aussi des dégustations ainsi que des ateliers à ceux qui souhaiteraient apprendre l'art de savourer le vin et de l'apprêter en cuisine. Événements thématiques à longueur d'année.

Salles de spectacle

(voir carte p. 65)

Saenger Theatre [34]
143 N. Rampart St., 504-524-2490,
www.saengernola.com

Œuvre d'art en soi, ce théâtre construit en 1927 abrite une salle grandiose inspirée de l'Italie du XVe siècle avec ses alcôves, ses dorures et son ciel étoilé au plafond. Scène culturelle majeure de La Nouvelle-Orléans, il fut inondé en partie lors de l'ouragan *Katrina*, ce qui entraîna sa fermeture pendant 8 ans. Après de colossaux travaux, le théâtre a rouvert en 2013 pour reprendre une programmation variée de pièces de théâtre, de comédies musicales et de concerts.

Lèche-vitrine

(voir carte p. 65)

Centres commerciaux

The Shops at Canal Street [38]
333 Canal St., 504-522-9200,
www.theshopsatcanalplace.com

Armani, Banana Republic, Lululemon, L'Occitane, Saks Fifth Avenue, Tiffany&Co., toutes les plus grandes enseignes de ce monde se retrouvent dans ce beau centre commercial de trois étages de la rue Canal.

The Outlet Collection at Riverwalk [37]
500 Port of New Orleans Place, 504-522-1555,
www.riverwalkneworleans.com

Grand centre commercial de plus de 75 boutiques et restaurants, Riverwalk occupe un immense bâtiment tout en longueur faisant face au Mississippi. Moins romantique que le French Quarter pour y faire ses achats de souvenirs, il renferme néanmoins une grande variété de magasins, la plupart appartenant à de grandes chaînes américaines.

Vêtements et accessoires

Meyer the Hatter [35]
120 Saint Charles Ave., 504-525-1048
ou 800-882-4287, www.meyerthehatter.com

Experte en chapeaux d'homme depuis 1894, cette institution de La Nouvelle-Orléans a pignon sur rue en plein cœur du CBD. Service de qualité et conseils judicieux de la part du personnel si l'on cherche à se chapeauter pour une occasion bien spéciale.

Rubensteins [36]
102 Saint Charles Ave., angle Canal St.,
504-581-6666 ou 800-725-7823,
www.rubensteinsneworleans.com

Prêt-à-porter et pièces sur mesure pour des hommes à la recherche de style et d'élégance. Rubensteins est ouvert depuis 1924 et fut le premier magasin de Canal Street à rouvrir après l'ouragan *Katrina*.

Le Central Business District et l'Arts District

Le Garden District et Uptown *(texte vertical dans la marge)*

4

Le Garden District et Uptown

À voir, à faire
(voir carte p. 83)

Anciennes terres d'une immense plantation de canne à sucre, défrichées par les nouveaux résidents anglophones qui s'y sont installés après que la Louisiane fut devenue américaine en 1803, le **Garden District** ★★★ est situé à l'ouest du Vieux Carré français et du CBD. Beau et verdoyant, ce quartier doit son nom aux somptueux parcs et jardins qui agrémentent les demeures *antebellum* (c'est-à-dire qui datent d'avant la guerre de Sécession) construites par de richissimes Américains. En remontant l'avenue Saint Charles, à pied ou à bord du célèbre tramway vert, fidèle à l'univers de Tennessee Williams, les promeneurs voient défiler de magnifiques propriétés de style néogrec (Greek Revival), dont aujourd'hui plusieurs sont habitées par des vedettes hollywoodiennes telles que Nicolas Cage, Sandra Bullock et John Goodman.

Plus à l'ouest encore s'étend le quartier **Uptown** ★, aux allures de petit village de banlieue. On vient y arpenter les boutiques de vêtements à la mode dans Magazine Street, siroter une limonade à la terrasse d'un petit café ou encore rendre visite aux alligators blancs de l'Audubon Zoo.

Le Garden District

Saint Charles Avenue Streetcar ★★★ [1]
1,25$/trajet (monnaie exacte exigée); de Canal St. à S. Claiborn Ave.

Des trois lignes de tramway qui traversent la ville, celle qui longe l'avenue Saint Charles en plein cœur du Garden District est de loin la plus pittoresque. Elle est facilement reconnaissable avec ses voitures de couleur vert olive et a gardé son

Garden District.

charme d'antan avec ses bancs de bois en acajou. En 1893, une ligne électrique a remplacé les chevaux qui tiraient autrefois le *streetcar*, mais le trajet est resté le même : plus de 10 km entre le French Quarter et le quartier Uptown.

Descendez à l'arrêt Washington Avenue, puis traversez l'avenue Saint Charles et marchez sur Washington Avenue vers Coliseum Street; l'entrée du cimetière Lafayette No. 1 se trouve entre cette rue et Prytania Avenue.

Lafayette Cemetery No. 1 ★★ [2]

entrée libre, visite guidée 20$; lun-ven 8h à 14h30, sam 8h à 12h, visite guidée tlj à 10h30 et ven-sam à 13h; 1400 Washington Ave., www.lafayettecemetery.org et www.saveourcemeteries.org pour la visite guidée

Ouvert en 1833, ce cimetière est l'un des seuls de la ville où il est relativement sûr de se promener, au moins le jour. On peut y observer, sous la végétation luxuriante, des tombes de soldats américains décédés lors de la guerre de Sécession, de familles africaines ou encore de milliers d'Allemands et d'Irlandais morts de la fièvre jaune à leur arrivée au XIXe siècle. Ce lieu a inspiré l'auteure Anne Rice lors de l'écriture de son roman à succès *Interview with the Vampire* (1976).

Revenez sur Saint Charles Avenue et dirigez-vous vers l'ouest jusqu'à l'angle d'Eighth Street.

The Van Benthuysen-Elms Mansion and Gardens ★ [3]

visite sur rendez-vous; 3029 Saint Charles Ave., 504-895-9200, www.elmsmansion.com

Cette maison de style italianisant fut construite en 1869 pour le capitaine Watson Van Benthuy-

Le Garden District et Uptown

À voir, à faire ★

Le Garden District

1.	DY	Saint Charles Avenue Streetcar
2.	EY	Lafayette Cemetery No. 1
3.	DY	The Van Benthuysen-Elms Mansion and Gardens
4.	EY	Colonel Short's Villa
5.	EY	Brevard-Clapp House
6.	EY	Magazine Street
7.	EY	George and Leah McKenna Museum of African American Art

Uptown

8.	AZ	Audubon Park
9.	AZ	Audubon Zoo
10.	BX	Tulane University
11.	CZ	Milton H. Latter Memorial Library
12.	CZ	Touro Synagogue

Cafés et restos ●

Le Garden District

13.	EY	Commander's Palace
14.	EZ	Coquette
15.	DZ	Lilette

Uptown

16.	AX	Brigtsen's
17.	CZ	Casamento's Restaurant
18.	AZ	Clancy's
19.	AX	Dante's Kitchen
20.	CY	Gautreau's
21.	BZ	Guy's Po-Boys
22.	AX	Jacques-Imo's
23.	CZ	La Petite Grocery
24.	CZ	Patois
25.	AX	The Camellia Grill

Bars et boîtes de nuit ♪

Le Garden District

26.	DZ	Bouligny Tavern
27.	DY	The Columns Hotel

Uptown

28.	CY	Cure
29.	AX	Maple Leaf Bar
30.	CZ	Tipitina's

Lèche-vitrine ■

Le Garden District

31.	EY	Aidan Gill for Men
32.	DZ	Big Fisherman Seafood
33.	DZ	Mignon Faget
34.	EZ	Storyville
35.	EZ	Sucré

Uptown

36.	AY	Crescent City Farmers Market
37.	CZ	Hansen's Sno-Bliz
38.	BZ	Hazelnut New Orleans
39.	BZ	Octavia Books
40.	CZ	The Creole Creamery

Hébergement ▲

41.	DY	Hubbard Mansion Bed & Breakfast
42.	EY	Magnolia Mansion
43.	AY	Park View Guest House
44.	DZ	The Chimes Bed & Breakfast
45.	EX	The Prytania Park Hotel

Le Garden District et Uptown

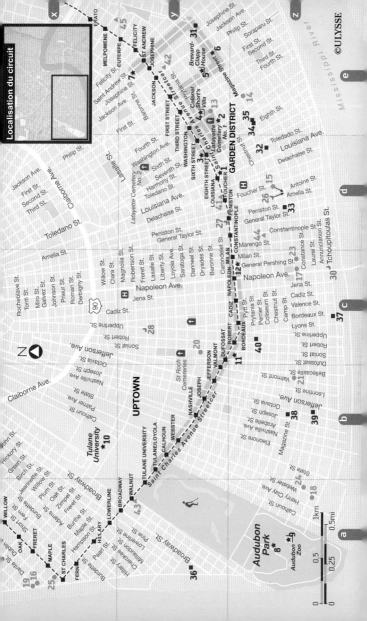

Localisation du circuit

©ULYSSE

Mississippi River

GARDEN DISTRICT

UPTOWN

Audubon Park

Audubon Zoo

N

Saint Charles Avenue Streetcar

Colonel Short's Villa.

sen II, président d'une compagnie de tramways et membre par alliance de la famille du président confédéré Jefferson Davis, qui fréquenta souvent cette demeure lors de réceptions. La résidence a été achetée en 1952 par John Elms Sr., et sa famille, qui en est toujours propriétaire, en a fait un lieu de mariages et d'événements corporatifs luxueux.

Descendez Eighth Street vers le sud et tournez à gauche dans Prytania Street, que vous suivrez jusqu'à Fourth Street.

Colonel Short's Villa ★ [4]
on ne visite pas; 1448 Fourth St.,
angle Prytania St.
Ce n'est pas tant la villa de style italianisant du colonel Short, remarquable soit dit en passant, qui est le plus admirable ici, mais bien sa grille en fonte ouvragée où s'enlacent épis de maïs et plantes grimpantes. L'histoire veut que l'homme ait commandé un tel ouvrage pour sa femme en souvenir des champs de maïs de son Iowa natal. On trouve une grille semblable, aux épis de maïs peints en jaune cette fois, devant l'hôtel Cornstalk, au 915 de la rue Royal, dans le French Quarter.

Continuez vers l'est dans Prytania Street et tournez à droite dans First Street, puis continuez jusqu'à Chestnut Street.

Brevard-Clapp House ★★ [5]
on ne visite pas; 1239 First St.,
angle Chestnut St.
Maison blanche de style néogrec arborant des colonnes au rez-de-chaussée et à l'étage, la Brevard-Clapp House est célèbre pour avoir été la demeure de l'auteure Anne Rice et de sa famille de 1989 à 2004.

La Nouvelle-Orléans au cinéma

Décor de rêve pour le cinéma contemporain, historique ou encore fantastique, La Nouvelle-Orléans a servi de lieu de tournage pour de nombreux films américains et quelques séries télévisées. Voici une courte liste des plus importants :

Easy Rider (1969): *road movie* à moto de la Californie jusqu'à La Nouvelle-Orléans, sur thèmes de trafic de drogue et de Mardi Gras. Scène mythique sur une tombe du St. Louis Cemetery No. 1.

Entretien avec un vampire (1994): drame fantastique retraçant la vie de deux vampires vivant à La Nouvelle-Orléans au XVIIIᵉ siècle. Plusieurs scènes tournées dans le French Quarter et dans des maisons de plantation.

Déjà Vu (2006): film de science-fiction se déroulant à La Nouvelle-Orléans dont l'action débute dans le port du quartier d'Algier, au nord du Mississippi, à l'occasion du Mardi Gras.

L'Étrange Histoire de Benjamin Button (2008): film fantastique ayant pour décors une maison du Garden District ainsi que le Mississippi. Il met en scène l'acteur Brad Pitt, qui possède lui-même une maison à La Nouvelle-Orléans.

La Princesse et la Grenouille (2009): film d'animation des studios Disney racontant les aventures d'une jeune héroïne à La Nouvelle-Orléans et dans les bayous. Tous les grands symboles de la Louisiane sont abordés (jazz, vaudou, gastronomie, culture cajun).

Treme (2010-2013): série télévisée à vocation sociale diffusée sur HBO à propos du quotidien post-*Katrina* dans le quartier Tremé. La plupart des figurants de la série sont des résidents du quartier.

Histoire d'horreur (2011-...): série télévisée fantastique et d'horreur dont la troisième saison se passe dans une maison du Garden District, transformée en école de sorcières dans le scénario de la série.

Audubon Park.

Elle s'en est d'ailleurs servie pour imaginer le manoir des sorcières de sa saga *Lives of the Mayfair Witches*. Les rosettes de la clôture extérieure ont valu à la demeure le surnom de *Rosegate*.

Continuez vers le sud dans First Street.

Magazine Street ★ [6]

Importante rue commerciale de La Nouvelle-Orléans, Magazine Street traverse les quartiers du Garden District et d'Uptown sur 10 km. Les terrasses des *coffee shops* avoisinent les boutiques de vêtements et les galeries d'artistes locaux dans une rangée de bâtiments à l'architecture souvent anglo-saxonne, parfois totalement excentrique. C'est également l'un des lieux préférés des habitants de la ville pour aller dîner dans l'un des nombreux restaurants qui se succèdent le long de la rue.

Empruntez Magazine Street vers l'est, puis tournez à gauche dans Saint Andrew Street, que vous suivrez jusqu'à Carondelet Street.

George and Leah McKenna Museum of African American Art ★ [7]

5$; jeu-sam 11h à 16h, mar et mer sur rendez-vous; 2003 Carondelet St., angle Saint Andrew St., 504-586-7432,
www.themckennamuseum.com

Ce musée permet de découvrir une importante collection d'œuvres d'artistes afro-américains rassemblées par le Dr. Dwight McKenna depuis plus de 30 ans (le musée est nommé en l'honneur de ses parents). Peintures et photographies sont superbement mises en valeur dans les pièces de cette

Le Garden District et Uptown

demeure du Garden District qui célèbre la diaspora artistique des descendants africains. C'est également le lieu idéal pour découvrir des artistes émergents de La Nouvelle-Orléans lors d'expositions temporaires et d'événements spéciaux.

*Pour vous rendre dans le quartier Uptown, vous pouvez monter à bord du **Saint Charles Avenue Streetcar** (voir p. 80). Descendez à l'arrêt Tulane/Loyola pour rejoindre l'Audubon Park.*

Uptown

Audubon Park ★★ [8]
entrée libre; tlj 5h à 22h; de Saint Charles Ave. au Mississippi entre Exposition Blvd. et Walnut St., 504-861-2537, www.auduboninstitute.org

En 1886, l'Upper City Park changea son nom et prit celui d'Audubon Park

Natifs les plus célèbres

Personnalités historiques ou contemporaines, populaires ou controversées, voici quelques natifs de La Nouvelle-Orléans qui ont marqué leur époque :

Sidney Bechet (1897-1959) : clarinettiste, saxophoniste et compositeur de jazz

Louis Armstrong (1901-1971) : trompettiste et chanteur de jazz

Mahalia Jackson (1911-1972) : chanteuse de gospel

Truman Capote (1924-1984) : écrivain et journaliste, auteur entre autres du roman-vérité *De sang-froid*

Fats Domino (1928-…) : chanteur de rhythm and blues

Lee Harvey Oswald (1939-1963) : criminel accusé du meurtre du président John F. Kennedy

Anne Rice (1941-…) : écrivaine, auteure entre autres du roman *Entretien avec un vampire*

Reese Witherspoon (1976-…) : actrice de cinéma

Le Garden District et Uptown

Le Garden District et Uptown

Audubon Zoo.

en hommage à l'artiste et ornithologue John James Audubon, dont on retrouve le patronyme dans plusieurs attractions à vocation animalière de la ville (zoo, aquarium, insectarium). On vient dans le parc pour profiter de l'ombre de ses grands chênes séculaires, de ses étangs et de ses grandes pelouses vertes. Une boucle pavée de 3 km fait la joie des marcheurs, cyclistes et joggeurs.

Audubon Zoo ★★ [9]
adultes 17,50$, enfants 12$; mar-ven 10h à 16h, sam-dim 10h à 17h; 6500 Magazine St., 504-581-4629 ou 800-774-7394, www.auduboninstitute.org/zoo

Souvent classé parmi les meilleurs parcs zoologiques du pays, l'Audubon Zoo est une attraction largement plébiscitée par les familles, qu'elles soient locales ou seulement en visite en ville. Ouvert en 1884 lors de l'Exposition universelle de l'industrie et du centenaire du coton, il intègre à son environnement des décors du monde entier dont un bassin reconstituant l'habitat des bayous. Parmi les vedettes du parc, on retrouve d'ailleurs deux spécimens rares d'alligators blancs aux yeux bleus!

Tulane University ★ [10]
6823 Saint Charles Ave., 504-865-5000, www.tulane.edu

Tout comme celle de sa voisine, la Loyola University, la création de la Tulane University fut nécessaire, au milieu des années 1800, pour former des chercheurs et des médecins capables de contenir les grandes épidémies de fièvre jaune qui décimaient à cette époque la population de la Louisiane. Elle porte le nom de l'un de ses plus importants donateurs, Paul Tulane, qui en fit une université privée en 1884. On peut se promener librement sur le campus et admirer les bâtiments de différents styles d'architecture. Le musicien Zachary Richard est diplômé en histoire de l'université Tulane.

À l'université, prenez le tramway en direction est et descendez à l'arrêt Saint Charles Avenue/Duffossat Street.

Milton H. Latter Memorial Library [10]
entrée libre; lun et mer 9h à 20h, mar et jeu 9h à 18h, sam 10h à 17h, dim 12h à 17h;
5120 Saint Charles Ave., 504-596-2625,
www.nutrias.org

Cet impressionnant édifice de style italianisant et Beaux-Arts abrite une bibliothèque publique de la ville de La Nouvelle-Orléans. On peut donc flâner librement entre les rangées de livres tout en admirant l'architecture intérieure des lieux, bien que plusieurs pièces aient été totalement rénovées. Ancienne maison de l'actrice du cinéma muet Marguerite Clarke, les Latter, propriétaires suivants, ont voulu rendre hommage à leur fils mort au combat lors de la Seconde Guerre mondiale en lui donnant son nom.

Reprenez le tramway et descendez à l'arrêt Saint Charles Avenue/Milan Street.

Touro Synagogue [12]
entrée libre; lun-ven 9h à 17h; 4238 Saint Charles Ave., angle General Pershing St., 540-895-4843, www.tourosynagogue.com

Ne manquez pas cet édifice important du patrimoine religieux de la ville, doté d'un dôme, de vitraux et d'un orgue impressionnants. La construction du bâtiment remonte à 1908, bien que sa communauté de juifs pratiquants ait été fondée en 1828, d'ailleurs la toute première en dehors des 13 colonies américaines d'origine. On y célèbre chaque année le Jazz Fest Shabbat, une messe associant judaïsme et jazz, lors du **New Orleans Jazz & Heritage Festival** (voir p. 148).

Cafés et restos

(voir carte p. 83)

Le Garden District

Lilette $$-$$$ [15]
fermé dim; 3637 Magazine St., 504-895-1636,
www.liletterestaurant.com

Menu éclectique pour ce bon et joli restaurant situé dans l'un des secteurs les plus vivants de la rue Magazine. Lilette propose une cuisine de bistro mariant des saveurs cajuns et créoles. Large choix de soupes, de salades et d'assiettes de fruits de mer, à déguster avant ou après avoir fait ses emplettes dans les boutiques du quartier.

Coquette $$$ [14]
2800 Magazine St., 504-265-0421,
www.coquette-nola.com

Jeune restaurant avec pourtant la maturité d'un chevronné, Coquette est un bistro de type français qui propose une cuisine créative et savoureuse. On recommande d'opter pour le brunch du week-end et

Le Garden District et Uptown

ainsi goûter au menu à trois services qui permet de s'offrir plusieurs plats pour 25$. Une très bonne affaire pour cette adresse réputée.

Commander's Palace $$$-$$$$ [13]
1403 Washington Ave., 504-899-8221, www.commanderspalace.com

Tout a commencé par un défi lancé par la célèbre famille de restaurateurs Brennan à Emile Commander: jamais un restaurant du Garden District n'atteindra la qualité de la cuisine du French Quarter... Résultat: le Commander's Palace est une adresse incontournable à La Nouvelle-Orléans depuis 1880! Les salles sont toutes plus belles les unes que les autres, le service est royal et la cuisine succulente. Le restaurant est moins bondé le midi et, en plus, les martinis sont à 25 cents! Tenue correcte recommandée.

Uptown

Guy's Po-Boys $ [21]
5259 Magazine St., 504-891-5025

Situé sur un coin de rue tranquille de Magazine Street au cœur du quartier Uptown, Guy's Po-Boys est un très petit restaurant qui sert de très gros sandwichs! Les *po' boys* les plus réputés sont ceux au *roast beef* (rôti de bœuf) et aux crevettes, dégoulinants d'une délicieuse sauce. À noter que les heures d'ouverture sont limitées (lun-sam 11h à 16h) et que seul l'argent comptant est accepté.

The Camellia Grill $ [25]
626 S. Carrollton Ave. 504-309-2679

Dans une belle maison blanche aux colonnes grecques et aux volets verts, ce restaurant de quartier propose une carte américaine classique composée de hamburgers, de rondelles d'oignons et de crèmes glacées. Les bas prix et les heures d'ouverture étendues (dim-jeu 8h à 24h, ven-sam 8h à 2h) sont ses principaux atouts.

Casamento's Restaurant $-$$ [17]
4330 Magazine St., 504-895-9761, www.casamentosrestaurant.com

Tous les Néo-Orléanais vous recommanderont cette adresse pour les meilleures huîtres que l'on puisse trouver en ville. Le propriétaire de ce restaurant, tenu par la même famille depuis 1919, tient tellement à sa réputation qu'il préfère fermer le restaurant lorsque ce n'est pas la saison des huîtres dans le golfe du Mexique! Un inconvénient pour les estivants qui visitent la ville au mois de juin, juillet ou août.

Patois $$ [24]
6078 Laurel St., 504-895-9441, www.patoisnola.com

Toute proche du parc Audubon, ce restaurant se situe en plein secteur résidentiel, dans une maison qui pourrait être celle d'un résident du quartier. Le charme des lieux et l'agréable service sont des atouts, sans compter une délicieuse cuisine française raffinée et concoctée à base de produits frais et goû-

La Petite Grocery.

teux. Les prix sont très raisonnables compte tenu de la qualité.

Dante's Kitchen $$-$$$ [19]
736 Dante St., 504-861-3121, www.danteskitchen.com

Ce restaurant situé dans une rue calme d'Uptown, à quelques pas du Mississippi, est une adresse très convoitée, ce qui implique que l'on fasse, de préférence, une réservation pour le dîner. Dante's Kitchen est installé dans une jolie petite maison jaune qui offre de nombreuses salles toutes décorées de manière différente. De style bistro créole, la cuisine est bonne et originale.

Jacques-Imo's $$-$$$ [22]
8324 Oak St., 504-861-0886, www.jacques-imos.com

Victime de son succès, Jacques-Imo's est souvent plein à craquer.

Mais une chose est sûre, la cuisine vaut largement l'attente. Tous les plats, de type créole, sont accompagnés de muffins au maïs, d'une salade et de deux accompagnements. La spécialité de la maison est originale : un gâteau au fromage à la saucisse d'alligator et de crevettes. Alors, ça vous tente?

La Petite Grocery $$-$$$ [23]
4238 Magazine St., 504-891-3377, www.lapetitegrocery.com

La Petite Grocery est un sympathique resto-bar situé dans une ancienne épicerie fondée à la fin du XIXe siècle. À la fois bar et restaurant, les deux salles sont toutefois séparées pour éviter le brouhaha au moment du repas. La décoration reprend l'ambiance d'un bistro français, tout comme le menu qui présente aussi bien des steaks tartares que des beignets de crabe. Excellents desserts également.

Brigtsen's $$$ [16]
723 Dante St., 504-861-7610,
www.brigtsens.com

Depuis 1986, ce restaurant a su attirer une foule d'habitués et de touristes qui viennent, entre autres, pour son *Shell Beach Diet*, une grande assiette de fruits de mer avec cinq ou six spécialités de la maison qui varient selon les arrivages et les saisons. À partager ou à savourer seul (pour les plus gros mangeurs)!

Clancy's $$$ [18]
6100 Annunciation St., 504-895-1111,
www.clancysneworleans.com

Autrefois fréquenté par les habitués seulement, Clancy's est aujourd'hui une adresse très appréciée du grand public. On y mange une cuisine créole savoureuse qui change au fil des saisons. Ses grands classiques restent les crevettes sauce rémoulade, les huîtres frites au brie et les écrevisses cuites à l'étouffée.

Gautreau's $$$ [20]
1728 Soniat St., 504-899-7397,
www.gautreausrestaurant.com

À une vingtaine de minutes à pied du parc Audubon, cette enseigne loge dans une élégante demeure, sans le moindre écriteau l'annonçant. C'est la chef Sue Zemanick qui est aux fourneaux de cette cuisine contemporaine du Sud, primée de nombreuses fois par les magazines culinaires américains. Pensez à réserver.

Bars et boîtes de nuit *(voir carte p. 83)*

Le Garden District

Bouligny Tavern [26]
3641 Magazine St., 504-891-1810,
www.boulignytavern.com

Chic et haut de gamme, cette enseigne de quartier offre une excellente sélection de boissons à déguster dans la salle à manger contemporaine, accompagnée d'une bouchée, ou confortablement assis à l'une des tables installées dans l'allée décorée adjacente.

The Columns Hotel [27]
3811 Saint Charles Ave., 504-899-9308
ou 800-445-9308, www.thecolumns.com

The Columns Hotel, à la fois hôtel, bar et terrasse, loge dans un très beau bâtiment datant de 1883 inspiré des maisons de plantation. Repère de célébrités américaines du cinéma comme John Goodman, son beau Victorian Lounge présente d'excellents concerts chaque soir sauf le dimanche.

Uptown

Cure [28]
4905 Freret St., 504-302-2357,
www.curenola.com

À privilégier lors des *happy hours*, pour éviter la foule passé 19h, Cure est le paradis des amateurs de cocktails et de mixtures alcoolisées.

Tipitina's.

Son intérieur en brique, décoré de chandeliers, donne une ambiance stylisée idéale pour un apéritif de tapas. Cure est situé dans la rue Freret, nouvelle destination branchée d'Uptown.

Maple Leaf Bar [29]
8316 Oak St., 504-866-9359,
www.mapleleafbar.com

Bar en journée, boîte en soirée, le Maple Leaf Bar est un grand classique de La Nouvelle-Orléans qui accueille depuis 1974 une foule éclectique de musiciens dont de nombreuses légendes locales. La salle se remplit très vite et elle est souvent pleine dès 23h.

Tipitina's [30]
501 Napoleon Ave., 504-895-8477,
www.tipitinas.com

Tipitina's, ou *Tip's* pour les intimes, est un bar dansant où l'ambiance est festive. On joue du jazz, de la musique cajun et du blues chaque soir de la semaine sur sa scène, probablement la plus populaire d'Uptown. Les dimanches à 13h, des musiciens offrent des démonstrations et des ateliers de percussions gratuits pour les enfants.

Lèche-vitrine
(voir carte p. 83)

Le Garden District

Alimentation

Sucré [35]
3025 Magazine St., 504-520-8311,
www.shopsucre.com

Macarons, guimauves, caramels et crèmes glacées maison colorent le comptoir de cette boutique réputée dans toute la ville pour ses pâtisseries et ses confiseries délicieuses. Une étape indispensable dans Magazine Street pour ceux qui ont la dent sucrée!

Big Fisherman Seafood [32]
3301 Magazine St., 504-897-9907,
www.bigfishermanseafood.com

À la fois boucherie et poissonnerie, ce magasin de produits frais permet de faire son choix gourmand parmi une grande quantité de poissons, crustacés et viandes locales (dont du boudin et de la viande d'alligator et de tortue).

Bien-être

Aidan Gill for Men [31]
2026 Magazine St., 504-587-9090,
www.aidangillformen.com

N'auriez-vous pas envie, messieurs, d'une belle coupe ou d'un rasage à l'ancienne lors d'une promenade dans Magazine Street? Ce barbier a conservé les outils et les techniques ancestrales de coiffure masculine dans ce salon antique et authentique.

Souvenirs

Mignon Faget [33]
3801 Magazine St., 504-891-2005
ou 800-375-7557, www.mignonfaget.com

Mignon Faget est la boutique d'une créatrice de bijoux de talent qui aime orner cous, oreilles et poignets de parures décorées des grands symboles de La Nouvelle-Orléans : fleur de lys, saxophone ou même huîtres et *sno-ball* en pendentifs!

Storyville [34]
3029 Magazine St., 504-304-6209,
www.storyvilleapparel.com

Magasin idéal pour ceux qui aiment les t-shirts illustrés, Storyville propose des dizaines de motifs et de slogans dédiés à La Nouvelle-Orléans, imprimés sur toutes sortes de textiles, t-shirts, camisoles pour enfant et adulte, cache-couche (bodies) pour bébé... Un beau souvenir à rapporter à la maison.

Uptown

Alimentation

The Creole Creamery [40]
4924 Prytania St., 504-894-8680,
www.creolecreamery.com

Impossible de dénombrer les parfums que propose cette boutique de crème glacée tellement la carte est longue et variée. Vous êtes tenté par un sorbet au champagne ou plutôt une boule avocat et crème fraîche? Les saveurs plus traditionnelles sont également toutes là!

Hansen's Sno-Bliz [37]
4801 Tchoupitoulas St., 504-891-9788,
www.snobliz.com

Une tradition depuis 1939 dans le quartier Uptown! La famille Hansen fabrique depuis trois générations sa propre *sno-ball*, une énorme boule de glace pilée, avec filet de sirop coloré maison. Typique de La Nou-

The Creole Creamery.

velle-Orléans, cette spécialité glacée multi-saveurs est paraît-il la meilleure chez Hansen's Sno-Bliz.

Crescent City Farmers Market [36]

200 Broadway St., 504-861-4488, www.crescentcityfarmersmarket.org

Rien de mieux pour découvrir la richesse du terroir louisianais que de visiter ce marché local ouvert le mardi de 9h à 13h. Saucisses d'alligator, tomates créoles, gombos, épices cajuns et écrevisses du golfe du Mexique tapissent les étals de ce marché fort coloré.

Librairie

Octavia Books [39]

513 Octavia St., 504-899-7323, www.octaviabooks.com

Fréquentée par les nombreux étudiants des universités Tulane et Loyola voisines, cette librairie offre un vaste choix de romans, biographies et œuvres de fiction et possède une belle collection de livres de recettes, d'histoire et d'architecture sur La Nouvelle-Orléans.

Souvenirs

Hazelnut New Orleans [38]

5515 Magazine St., 504-891-2424, www.hazelnutneworleans.com

Cette élégante boutique recèle une quantité inouïe d'objets et d'accessoires de décoration de tous les styles, avec une grande préférence pour tout ce qui a trait à La Nouvelle-Orléans. Vous pourrez ainsi trouver des serviettes de table à l'effigie du Steamboat *Natchez* et des ronds de serviette en forme de couronne de Mardi Gras.

5

Tremé et Mid-City

À voir, à faire

(voir carte p. 99)

Rendu célèbre ces dernières années par la série télévisée *Treme*, diffusée par la chaîne américaine HBO, ce quartier situé au nord du Vieux Carré français jouit d'une mauvaise réputation malgré une histoire et une culture très riches. **Tremé** ★ est à la fois le plus vieux quartier afro-américain des États-Unis et le berceau de la musique de jazz. On peut encore aujourd'hui admirer plusieurs grandes fresques peintes sur les façades des maisons, assister à des concerts de jazz ou de gospel et regarder les enfants s'amuser sur les terrasses des maisons. Mais Tremé est également l'un des quartiers les plus pauvres du pays, lourdement touché par les inondations causées par l'ouragan *Katrina* et rendu inhospitalier par les gangs de rue qui y sèment la terreur. On restera donc dans le sud du secteur,

plutôt sûr, en évitant toutefois de s'y promener seul, surtout après la tombée de la nuit.

Plus au nord, **Mid-City** ★★ est un fort beau quartier résidentiel très agréable à arpenter, avec ses belles avenues centrales (Esplanade Avenue et North Carrollton Avenue) et le City Park, un poumon de verdure qui longe le Bayou St. John, un vestige du terrain marécageux qui recouvrait autrefois le secteur.

Tremé

Voodoo Spiritual Temple ★ [1]
entrée libre; lun-sam 10h30 à 18h, dim 11h à 14h; 828 N. Rampart St., 504-522-9627, www.voodoospiritualtemple.org
Ce temple, parfois présenté dans les tours guidés comme un musée vivant du vaudouisme, est bel et bien un lieu de culte animiste fréquenté quotidiennement par ses adeptes. Y sont offerts des services variés, comme des conférences, des

No. 1313 Saint Philip Street.

rituels et des consultations proposées par la prêtresse Miriam, une dame âgée originaire du Mississippi, renommée internationalement pour son pouvoir mystique. Le temple est situé dans un bâtiment étroit aux pièces remplies d'autels et d'offrandes en tout genre. À voir!

Louis Armstrong Park [2]
835 N. Rampart St.

Largement controversé dans les années 1960 lors de sa création qui a nécessité la réquisition de plusieurs terrains habités, ce parc urbain est aujourd'hui mieux aimé de la population du quartier. On y trouve un plan d'eau, de grandes pelouses ainsi que le **Mahalia Jackson Theater for the Performing Arts** (voir p. 111) et le **Congo Square**, une place historique où les esclaves se rassemblaient librement le dimanche vers la fin du XVIIIe siècle. Le parc Louis Armstrong est relativement sûr en journée, mais il faut toujours garder l'œil ouvert et éviter de s'y promener seul.

No. 1313 Saint Philip Street ★★ [3]

Du côté est du Louis Armstrong Park, on peut admirer une très belle fresque qui orne le bas de la maison située au numéro 1313 de la rue Saint Philip. Cette œuvre a été peinte au cours des *jazz funerals*, des cortèges funéraires qui défilent en musique dans les rues en hommage à une personne décédée. Les peintures murales comme celle-ci, qui tendent à disparaître au fur et à mesure des rénovations des bâtiments du quartier, illustrent les traditions propres à la culture afro-américaine de La Nouvelle-Orléans.

Tremé et Mid-City

À voir, à faire ★

Tremé

1.	DZ	Voodoo Spiritual Temple
2.	DZ	Louis Armstrong Park/Mahalia Jackson Theater for the Performing Arts/Congo Square
3.	DZ	No. 1313 Saint Philip Street
4.	DZ	St. Louis Cemetery No. 1
5.	DZ	Backstreet Cultural Museum
6.	DZ	St. Augustine Catholic Church
7.	DZ	Tomb of the Unknown Slave

Mid-City

8.	DY	Esplanade Avenue

9.	DY	Degas House
10.	CY	Bayou St. John
11.	CX	Pitot House Museum and Gardens
12.	CX	City Park
13.	CX	New Orleans Museum of Art (NOMA)
14.	CX	Sydney and Walda Besthoff Sculpture Garden
15.	CX	New Orleans Botanical Garden
16.	BX	Carousel Gardens Amusement Park/Storyland

Cafés et restos ●

Tremé

17.	DY	Dooky Chase's Restaurant
18.	DY	Lil' Dizzy's Café
19.	DZ	Treme Coffeehouse
20.	DY	Willie Mae's Scotch House

Mid-City

21.	DY	Café Degas

22.	DY	Liuzza's by the Track
23.	BY	Mandina's Restaurant
24.	CX	Morning Call Coffee Stand
25.	DY	Parkway Bakery and Tavern
26.	CX	Ralph's on the Park
27.	DY	Toups' Meatery

Bars et boîtes de nuit ☾

Tremé

28.	DZ	Candlelight Lounge
29.	DY	Kermit's Treme Mother-in-Law Lounge

Mid-City

30.	CZ	Chickie Wah Wah/Blue Oak
31.	BY	Mid-City Yacht Club
32.	CY	Pal's Lounge
33.	AZ	Rock 'N' Bowl

Salles de spectacle ◆

34.	DZ	Mahalia Jackson Theater for the Performing Arts

Lèche-vitrine ■

Tremé

35.	DY	F&F Botanica Spiritual Supply

Mid-City

36.	BY	Angelo Brocato's Ice Cream

Hébergement ▲

37.	BY	1896 O'Malley House
38.	DY	Antebellum Guest House
39.	DY	Degas House

40.	CY	India House Hostel
41.	DY	La Belle Esplanade

Tremé et Mid-City

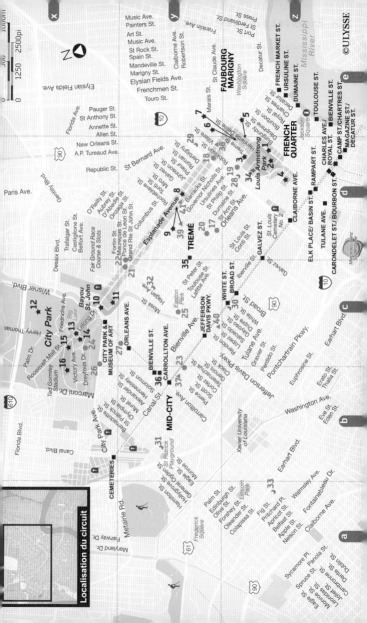

Tremé et Mid-City

St. Louis Cemetery No. 1.

Marie Laveau, la « reine du vaudou »

Née en 1794 dans le Vieux Carré français, d'un planteur blanc et d'une femme noire affranchie, Marie Laveau est devenue une figure emblématique du culte vaudou en Louisiane et à plus grande échelle aux États-Unis. Après s'être lancée dans l'occultisme, elle s'est servie de son métier de coiffeuse à domicile chez les grandes familles de La Nouvelle-Orléans pour glaner des informations intimes et les impressionner ensuite par son prétendu pouvoir de divination. Elle devint une femme d'influence et fut surnommée la *Voodoo Queen*. À sa mort, l'une de ses filles se fit passer pour elle, ajoutant ainsi l'immortalité à ses pouvoirs déjà largement réputés.

Backstreet Cultural Museum.

Traversez le parc et empruntez Basin Street vers l'ouest.

St. Louis Cemetery No. 1 ★★★ [4]

entrée libre; lun-sam 9h à 15h, dim 9h à 12h; angle Basin St. et Saint Louis St., 504-482-5065, www.saveourcemeteries.org

Situé au-delà des limites de l'ancienne ville, qui était alors protégée par des remparts, le cimetière St. Louis N°. 1 (1789) est la plus vieille, la plus connue et la plus intrigante de toutes les «cités des morts» de La Nouvelle-Orléans. L'architecture est typique des cimetières créoles, du même genre que ceux que l'on retrouve dans les Antilles par exemple, et ses caveaux ont tous été surélevés afin de protéger les morts des nombreuses inondations qui affectent ce terrain situé sous le niveau de la mer. Parmi les tombes les plus célèbres: celle de Marie Laveau, recouverte de colliers et d'offrandes, et celle, *antemortem*, de l'acteur Nicolas Cage, en forme de pyramide blanche.

Revenez par le parc et suivez Henriette Delille Street vers l'est.

Backstreet Cultural Museum [5]

8$; mar-sam 10h à 17h; 1116 Henriette Delille St., 504-522-4806, www.backstreetmuseum.org

L'**Indian Mardi Gras** (voir p. 71) et les *jazz funerals* sont à l'honneur dans ce petit musée privé consacré à la culture afro-américaine et à ces traditions que l'on ne retrouve nulle part ailleurs qu'à La Nouvelle-Orléans. De somptueux costumes y sont exposés, finement décorés de paillettes, de strass et de plumes

Degas House.

Tremé et Mid-City

multicolores, fabriqués pendant de nombreuses semaines par des artisans à l'approche du Mardi Gras. Certains visiteurs ayant trouvé la porte close, appelez pour vérifier que le musée est bien ouvert avant de vous déplacer.

St. Augustine Catholic Church [6]

horaire varié; 1210 Governor Nicholls St., 504-525-5934,
www.staugustinecatholicchurch-neworleans.org

Située dans le plus vieux quartier noir des États-Unis, il n'est pas étonnant que cette église soit celle de la plus vieille paroisse afro-américaine du pays. Elle fut inaugurée en 1842 et accueillait aussi bien les citoyens noirs libres que les esclaves. On y vient aujourd'hui de partout au pays pour écouter la messe du dimanche matin *(10h)*, célébrée par des chants de gospel particulièrement vibrants.

Tomb of the Unknown Slave ★ [7]

angle Governor Nicholls St. et Henriette Delille St.

Sur le côté droit de l'église se trouve une grande croix de métal posée de biais d'où pendent les chaînes d'anciens esclaves. Cette «tombe de l'esclave inconnu» rend hommage aux milliers d'hommes, femmes et enfants qui ont travaillé et sont morts dans les plantations de canne à sucre de la Louisiane, souvent dans la plus grande indifférence. Les esclaves ne bénéficiaient généralement pas d'une tombe à leur nom, et le pasteur William Savoy eut l'idée au début des années 1990 d'en ériger une en leur honneur.

Esplanade Avenue.

Poursuivez vers l'est dans Henriette Delille Street, puis tournez à gauche dans Esplanade Avenue, que vous suivrez vers le nord pour vous rendre dans le quartier Mid-City.

Mid-City

Esplanade Avenue ★★ [8]
de N. Roberston St. au City Park

Ce deuxième tronçon d'Esplanade Avenue (voir p. 52 pour le premier) nous conduit du quartier Tremé à Mid-City par une très belle artère résidentielle et colorée. On passera rapidement sous le viaduc de l'autoroute 10 (North Claiborne Avenue), qui ne présente aucun intérêt, pour s'enfoncer plus profondément dans les quartiers habités par des familles de classe moyenne. Il faut compter au moins une demi-heure à pied pour remonter Esplanade Avenue et admirer ses superbes maisons de caractère, avant d'arriver au Bayou St. John et au City Park.

Degas House ★★ [9]
visite guidée 29$ sur réservation;
2306 Esplanade Ave., 504-821-5009,
www.degashouse.com

Construite en 1852, cette maison rénovée fut la demeure du peintre impressionniste Edgar Degas lors de son bref passage en ville, d'octobre 1872 à mars 1873, en visite dans sa famille maternelle originaire de La Nouvelle-Orléans. Durant son séjour, il réalisa 22 peintures, dont l'œuvre *Le bureau de coton à La Nouvelle-Orléans*. Ce sont ses deux arrière-petites-nièces qui guident aujourd'hui les visiteurs de la maison, dont une partie fait office de *bed and breakfast* (voir p. 132).

Dirigez-vous vers le nord sur Esplanade Avenue.

Tremé et Mid-City

1. New Orleans Museum of Art (NOMA)

2. Sydney and Walda Besthoff Sculpture Garden.

Bayou St. John [10]
le long de Moss St. et Wisner Bvld., entre Lafitte Ave. et le lac Pontchartrain

Ce long méandre naturel qui se jette dans le lac Pontchartrain fut très tôt fréquenté par les explorateurs et les trappeurs français avant de devenir une voie navigable d'importance au XVIIIe siècle. Il servit longtemps de porte d'accès fluvial à La Nouvelle-Orléans pour les commerçants et les passagers des bateaux. Aujourd'hui canalisé et bordé de berges de gazon, le Bayou St. John est un lieu réputé pour les pique-niques et la pratique du canot.

Au Bayou St. John, prenez Moss Street à gauche.

Pitot House Museum and Gardens ★ [11]
7$; mer-sam 10h à 15h; 1440 Moss St., 504-482-0312, www.pitothouse.org

Parmi les grandes demeures des riches résidents qui s'élevaient à proximité du Bayou St. John, seule la Pitot House est encore debout et ouverte aux visiteurs. Ayant appartenu à James Pitot, le premier maire américain de La Nouvelle-Orléans après l'achat de la Louisiane, elle est un parfait exemple de l'architecture coloniale créole du XVIIIe siècle. La maison a gardé son charme d'antan, avec son beau balcon porté par une rangée de colonnes blanches, ses grands volets verts et sa clôture en bois. Une visite guidée permet de découvrir son mobilier ancien ainsi que son jardin garni de fleurs et de plantes indigènes d'époque.

City Park ★★ [12]
1 Palm Dr., 504-482-4888, www.neworleanscitypark.com

Une fois et demie plus étendu que le Central Park de New York, ce parc

municipal repose sur un ancien territoire forestier et marécageux qui abrite aujourd'hui la plus vaste collection de chênes matures au monde, l'âge de certains étant estimé à 600 ans, et même 900 ans. De grandes pelouses, de vastes plans d'eau et des aires de jeux pour les enfants font de ce parc une destination agréable et rafraîchissante pour les familles et les promeneurs. Le City Park compte également plusieurs musées et jardins qui méritent le détour dont ceux décrits ci-dessous.

New Orleans Museum of Art (NOMA) ★★★ [13]

10$; mar-jeu 10h à 18h, ven 10h à 21h, sam-dim 11h à 17h; 1 Collins C. Diboll Circle, City Park, 504-658-4100, www.noma.org

En 1910, la création du NOMA a résulté de la volonté d'un riche bailleur de fonds, Isaac Delgado, qui souhaitait en faire «un temple de l'art destiné aussi bien aux riches qu'aux pauvres». Avec plus de 40 000 œuvres d'art allant de la période précolombienne aux courants picturaux du XXᵉ siècle en passant par de grands noms comme Picasso, Chagall ou O'Keeffe, ce superbe musée est le joyau du City Park.

Sydney and Walda Besthoff Sculpture Garden ★★ [14]

entrée libre; lun-ven 10h à 18h, sam-dim 10h à 17h; City Park, au sud-ouest du NOMA, www.noma.org

Ce jardin atypique qui fait partie du NOMA est un formidable mariage de l'art et de la nature. Dans un écrin de verdure coloré par les magnolias en fleurs se trouvent 60 sculptures d'artistes aussi variés qu'Auguste Renoir, Henry Moore ou encore René Magritte, posées ici et là, sur

Tremé et Mid-City

New Orleans Botanical Garden.

le gazon, au milieu d'un étang ou encore au pied d'un grand chêne. Un remarquable musée d'art contemporain à ciel ouvert et gratuit!

New Orleans Botanical Garden ★★ [15]

4$; mar-dim 10h à 16h30; entrée par Victory Ave., City Park, 504-483-9386, www.neworleanscitypark.com/botanical-garden

Le jardin botanique de La Nouvelle-Orléans propose une agréable promenade à travers plusieurs espaces thématiques. Parmi les plus remarquables: le Rose Garden (roseraie), qui était la vocation originale du jardin à son ouverture en 1936; le Conservatory, qui reproduit une véritable forêt tropicale; et l'Historic New Orleans Train Garden, où un train miniature traverse une maquette de la ville et de ses quartiers tels qu'ils étaient autrefois.

Carousel Gardens Amusement Park/Storyland [16]

entrée 4$ pour chaque site, attractions 3$ chacune; Carousel Gardens Amusement Park: fin mai à mi-août jeu 10h à 15h, ven 10h à 22h, sam 11h à 22h, dim 11h à 18h, début mars à mi-mai et mi-août à fin nov sam-dim 11h à 18h; Storyland: mar-ven 10h à 17h, sam-dim 10h à 18h; entrées par Victory Ave., City Park, www.neworleanscitypark.com

Le Carousel Gardens Amusement Park fera le bonheur des plus petits qui peuvent grimper sur le dos des chevaux d'un très beau manège en bois datant de 1906, abîmé puis rénové post-*Katrina*. Et dans l'aire de jeux Storyland, les jeunes seront plongés dans l'univers de leurs personnages de contes préférés (Blanche-Neige, Pinocchio...), reproduits grandeur nature par Blaine Kern, le créateur des chars

Lil' Dizzy's Café.

allégoriques du carnaval du **Mardi Gras** (voir p. 71).

Cafés et restos

(voir carte p. 99)

Tremé

Willie Mae's Scotch House
$ [20]
2401 Saint Ann St., 504-822-9503
Situé à la limite entre les quartiers Tremé et Mid-City, qu'il vaut mieux éviter la nuit tombée (il est recommandé de s'y rendre en taxi), le restaurant de Willie Mae est une vieille gargote qui ne paye pas de mine. Pourtant c'est là qu'est servi le meilleur poulet frit en ville, à la fois croustillant et juteux. Ne vous attardez donc pas aux apparences et apprêtez-vous à faire la queue devant cette adresse bien connue chez les résidents de La Nouvelle-Orléans.

Lil' Dizzy's Café *$-$$* [18]
1500 Esplanade Ave., 504-569-8997
Royaume de la *soul food* (cuisine afro-américaine), Lil Dizzy's est très populaire pour son petit déjeuner et son buffet du midi. Situé dans le quartier Tremé, à cinq pâtés de maisons du French Quarter, il reste très accessible aux visiteurs tout en reflétant à merveille l'esprit authentique du quartier. Les prix y sont très raisonnables.

Dooky Chase's Restaurant
$-$$ [17]
2301 Orleans Ave., 504-821-0600,
www.dookychaserestaurant.com
Sûrement l'un des bijoux de la ville, un peu moins secret depuis que les présidents Bush et Obama sont venus y dîner, ce restaurant

Tremé et Mid-City

de cuisine créole est une enseigne mythique et historique. Le lieu a accueilli à maintes reprises Ray Charles, qui y a écrit sa chanson *Early in the Morning*, et ce fut également le quartier général de plusieurs leaders américains pour les droits civiques dans les années 1960. Essayez le *gumbo*, le poulet frit ou le plat de riz et haricots rouges, de grands classiques!

Treme Coffeehouse $-$$ [19]
1501 Saint Philip St., 504-218-8663

Aménagé dans une maison orange aux volets bleus, ce sympathique café peut s'avérer un bel arrêt pour se rafraîchir et se désaltérer lors de votre passage dans le quartier Tremé. C'est un repère populaire pour les étudiants et les travailleurs du quartier qui viennent manger un gâteau maison ou siroter une limonade artisanale tout en pianotant sur leur ordinateur.

Mid-City

Liuzza's by the Track $ [22]
fermé dim; 1518 N. Lopez St., 504-218-7888, www.liuzzasnola.com

Restaurant de cuisine de type créole, idéale pour emporter et manger sur le pouce entre deux musées. Liuzza's a fait du *po' boy* aux crevettes barbecue sa spécialité, et le *gumbo* y est également excellent. À privilégier pour un lunch ou un dîner tôt, car le restaurant n'est ouvert que de 11h à 19h.

Morning Call Coffee Stand $ [24]
56 Dreyfous Dr., 504-300-1157

Situé dans la partie sud du City Park, à proximité de Storyland et à quelques minutes de marche du NOMA, le Morning Call est l'endroit idéal pour une pause café accompagnée de beignets. Une adresse plus tranquille et tout aussi charmante que le Café du Monde du French Quarter.

Parkway Bakery and Tavern $ [25]
fermé mar; 538 Hagan Ave., 504-482-3047, www.parkwaypoorboys.com

Cette enseigne qui attire ses fidèles depuis 1911, loin d'être une simple boulangerie et encore moins une taverne, est un restaurant populaire du quartier Mid-City où il fait bon commander un *po' boy* à la saucisse d'alligator avant d'aller flâner le long du Bayou St. John puis sur les sentiers du City Park.

Mandina's Restaurant $-$$ [23]
3800 Canal St., 504-482-9179, www.mandinasrestaurant.com

Situé sur la ligne de tramway de Canal Street, Mandina's est une institution familiale depuis plus d'un siècle. La décoration de cette grande maison rose n'a pas tellement changé et la carte non plus, avec son large choix de spécialités créoles et italiennes, comme la soupe de tortue ou le veau au parmesan. Les plats sont bons, mais le service est plutôt quelconque.

Toups' Meatery *$-$$* [27]
845 N. Carrollton Ave., 504-252-4999, www.toupsmeatery.com

De pure tradition cajun, la cuisine du chef Isaac Toups ravira les amateurs de viande. Du hamburger à l'assiette de charcuteries en passant par le steak et le poulet rôti, le menu affiche une très belle variété de plats. La carte des boissons est elle aussi plutôt étoffée, avec un choix de bières locales et des cocktails originaux. À moins de 5 min à pied du City Park.

Café Degas *$$-$$$* [21]
3127 Esplanade Ave., 504-945-5635, www.cafedegas.com

Les amateurs de cuisine française de pure tradition seront bien servis au Café Degas, un excellent restaurant de type bistro qui sert une salade niçoise, des escargots et des côtelettes d'agneau, tous succulents. Le décor a lui aussi beaucoup de charme avec sa très belle terrasse située à l'ombre de grands arbres. Menu de trois services à prix fixe *(35$)* les mercredis soir.

Ralph's on the Park *$$-$$$* [26]
900 City Park Ave., angle Alexander St., 504-488-1000, www.ralphsonthepark.com

Adresse chic située en face des majestueux chênes du City Park, le restaurant Ralph's se distingue par son beau balcon vert et sa cuisine créole raffinée. Les poissons

Morning Call Coffee Stand.

et les fruits de mer sont particulièrement frais et se dégustent à la mode louisianaise. Les amateurs de viande ne seront pas en reste avec de généreux steaks et même du foie gras accompagné de bananes et de riz aux arachides. Brunch le dimanche.

Bars et boîtes de nuit

(voir carte p. 99)

Tremé

Candlelight Lounge [28]
925 N. Robertson St., 504-525-4746

Cette boîte de jazz, l'une des toutes dernières du quartier Tremé, attire une foule éclectique qui cherche à tâter le pouls de la musique làmême où elle fut inventée. Privi-

Tremé et Mid-City

Rock 'N' Bowl.

légiez une visite le mercredi soir, autour de 22h, pour écouter le merveilleux Treme Brass Band, qui se donne en spectacle sur une très petite scène. Taxi vivement recommandé.

Kermit's Treme Mother-in-Law Lounge [29]
1500 N. Claiborne Ave., 504-947-1078

Ce bar coloré, aux murs extérieurs ornés de superbes fresques, est l'œuvre du célèbre chanteur afro-américain Ernie K-Doe, qui fut mondialement connu dans les années 1960 pour sa chanson *Mother-in-Law*. Malgré sa mort en 2001 et de gros dommages causés par l'ouragan *Katrina*, le bar, qui appartient aujourd'hui au célèbre trompettiste Kermit Ruffins, est toujours une adresse très populaire pour écou-

ter du très bon jazz. Taxi vivement recommandé.

Mid-City

Chickie Wah Wah [30]
2828 Canal St., 504-304-4714,
www.chickiewahwah.com

Chickie Wah Wah offre l'une des meilleures scènes musicales de La Nouvelle-Orléans. Rock, blues et jazz s'écoutent tout en mangeant un sandwich à la viande fumée ou autres bouchées du restaurant **Blue Oak** sur place.

Mid-City Yacht Club [31]
440 S. St. Patrick St., 504-483-2517,
www.midcityyachtclub.com

Bar reconnu pour son ambiance survoltée lors de matchs de football ou de baseball, le Mid-City Yacht Club est également un bon point de chute après une journée de promenade dans le City Park.

Pal's Lounge [32]
949 N. Rendon St., 504-488-7257

Autre lieu de rencontre de Mid-City pour les amateurs d'événements sportifs télévisés, le Pal's Lounge est un bar amical très apprécié des résidents du quartier.

Rock 'N' Bowl [33]
3000 S. Carrollton Ave., 504-861-1700,
www.rocknbowl.com

À la fois bowling et discothèque, le Rock 'N' Bowl est un grand incontournable des soirées familiales ou entre amis. L'ambiance grimpe progressivement sur la piste de bowling en fin d'après-midi et atteint son apogée après 20h30. Soirées thématiques dont la trémoussante *zydeco night* au son de la musique cajun traditionnelle.

Salles de spectacle

(voir carte p. 99)

Mahalia Jackson Theater for the Performing Arts [34]
1419 Basin St., 504-287-0351,
www.mahaliajacksontheater.com

Ce très beau théâtre situé au cœur du Louis Armstrong Park, en bordure du French Quarter, est la résidence du Louisiana Philharmonic Orchestra et de la New Orleans Ballet Association. Au programme des représentations : théâtre, danse,

concerts et autres événements musicaux.

Lèche-vitrine

(voir carte p. 99)

Tremé

Insolite

F&F Botanica Spiritual Supply [35]
801 N. Broad St., 504-482-5400,
www.orleanscandleco.com

Impossible de tomber par hasard sur cette boutique située dans un quartier assez peu recommandable. Seuls les connaisseurs et pratiquants du culte vaudou se rendent chez F&F Botanica, qui se spécialise dans les herbes, bougies et élixirs. Conseils avisés du propriétaire Felix Figueroa.

Mid-City

Alimentation

Angelo Brocato's Ice Cream [36]
fermé lun; 214 N. Carrollton Ave., 504-486-1465, www.angelobrocatoicecream.com

Tout le monde vous le dira, c'est le meilleur glacier et pâtissier en ville! Depuis 1905, les gens s'arrachent ses confections maison, *gelati, cannoli, biscotti* et autres pâtisseries crémeuses au bon goût d'Italie. Un délicieux détour sur l'avenue Carrollton lors d'une promenade dans les environs du City Park.

6

Les environs de La Nouvelle-Orléans : la Great River Road et les bayous

À voir, à faire

(voir carte p. 113)

Il ne faudrait manquer pour rien au monde l'occasion de sortir de la ville, ne serait-ce qu'une journée, pour goûter aux charmes du sud de la Louisiane. À proximité de La Nouvelle-Orléans, deux activités incontournables sont accessibles, par voiture de manière autonome ou par autobus en groupe organisé (voir p. 114, 116) : les anciennes plantations de la Great River Road et les *swamp tours* en bateau ou en kayak à travers les bayous.

La **Great River Road** ★★★ est, comme son nom l'indique, une longue route qui longe les deux rives du fleuve Mississippi entre La Nouvelle-Orléans et Baton Rouge, là où se regroupaient autrefois la plupart des plantations de canne à sucre et de coton du sud de la Louisiane. Aujourd'hui plusieurs plantations ouvrent leurs portes aux visiteurs le jour, et certaines leur proposent même d'y passer la nuit.

Les **bayous** ★★, quant à eux de vastes dédales aquatiques autrefois sillonnés par les pirates et les pêcheurs cajuns, sont une autre

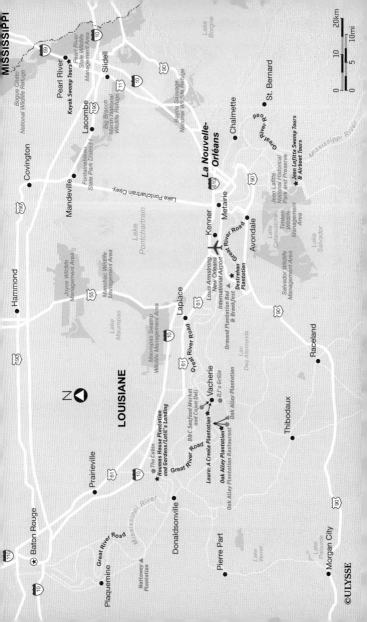

1. Laura: A Creole Plantation.

2. Oak Alley Plantation.

destination d'excursions pour la journée. De nombreuses entreprises organisent des sorties de quelques heures dans cet environnement hostile et pourtant si captivant.

La Great River Road

Destrehan Plantation ★

18$; tlj 9h à 16h, tours en français lun et ven; 13034 Great River Rd., Destrehan, environ 40 km à l'ouest de La Nouvelle-Orléans, 935-764-9315 ou 877-453-2095, www.destrehanplantation.org

Cette plantation est très populaire auprès des visiteurs qui y accèdent en seulement 10 min de route depuis l'aéroport international Louis Armstrong et 30 à 45 min depuis le centre-ville de La Nouvelle-Orléans. Elle a été construite à la demande de Robin de Logny en 1787, ce qui en fait l'une des plus anciennes plantations du sud des États-Unis. La

plantation est tristement célèbre pour avoir été le lieu du procès et de l'exécution de 18 noirs lors d'une des premières grandes révoltes d'esclaves de La Nouvelle-Orléans en 1811.

Laura: A Creole Plantation ★★

20$; tlj 10h à 16h, trois visites en français par jour; 2247 Hwy. 18, Vacherie, environ 80 km à l'ouest de La Nouvelle-Orléans, 225-265-7690 ou 888-799-7690, www.lauraplantation.com

Basée sur les mémoires de Laura Locoul, une Créole du XIXe siècle descendante d'une famille de planteurs louisianais, la visite permet d'admirer une remarquable demeure rénovée, ses dépendances ainsi que plusieurs habitations d'esclaves. Cette plantation, très différente des autres plantations de la Great River Road par son architecture simple et très colorée, apporte

Les environs de La Nouvelle-Orléans

un regard intéressant sur les conditions de vie de l'époque, tant du point de vue des planteurs que de celui des esclaves.

Oak Alley Plantation ★★★

20$; tlj 9h à 17h; 3645 Hwy. 18, Vacherie, environ 90 km à l'ouest de La Nouvelle-Orléans, 225-265-2151 ou 800-442-5539, www.oakalleyplantation.com

Avec ses deux rangées de 14 chênes majestueux, Oak Alley est de loin la plus photographiée parmi les plantations de Louisiane. Ces arbres ont été plantés 100 ans avant la construction de la demeure elle-même (1837), d'architecture néoclassique, par un richissime planteur de canne à sucre. Au cours d'une visite, on peut arpenter cette somptueuse allée boisée, visiter l'intérieur de la Big House et bénéficier, depuis les jardins, de beaux points de vue sur le Mississippi et les champs de canne à sucre.

Houmas House Plantation and Gardens ★

24$; tlj 9h à 20h; 40136 Hwy. 942, Darrow, environ 120 km à l'ouest de La Nouvelle-Orléans, 225-473-9380, www.houmashouse.com

Surnommée *The Sugar Palace* en raison de l'effarante quantité de sucre produit annuellement dans la plantation au cours des années 1830, la Houmas House Plantation est un autre arrêt intéressant sur la Great River Road. Des guides en costumes d'époque conduisent les visiteurs à travers la demeure de 16 pièces et ses jardins luxuriants dont l'aménagement varie selon les saisons. Un excellent restaurant, le **Latil's Landing**, très réputé dans la région, permet de compléter la journée par un bon repas dans les traditions de l'ancienne Louisiane.

Les environs de La Nouvelle-Orléans

Alligator dans les bayous.

Les bayous

Jean Lafitte Swamp Tours & Airboat Tours ★★

25$, 49$ avec transport au départ du Vieux Carré français; 4 départs par jour; 6601 Leo Kerner Lafitte Parkway, Marrero, environ 30 km au sud de La Nouvelle-Orléans, 504-587-1719 ou 800-445-4109, www.jeanlafitteswamptour.com

Animées par des guides cajuns d'expérience, ces croisières de 90 min à la découverte de l'environnement des bayous se font à bord de bateaux à fond plat pouvant accueillir une vingtaine de personnes. On peut y observer, dans les méandres marécageux cachés sous les cyprès drapés de mousses, bon nombre de serpents d'eau, de tortues, d'aigrettes, de ragondins et d'alligators, les vedettes tant attendues! Privilégiez les excursions en bateau à celles en hydroglisseur (*airboat*), bruyantes et peu repo-santes. À noter: un forfait permet de se rendre aux bayous par autobus au départ du French Quarter, dans le stationnement situé devant le Steamboat *Natchez*.

Kayak Swamp Tours

60$; 3 départs par jour; 65583 Pump Slough Rd., Pearl River, environ 60 km au nord de La Nouvelle-Orléans, 504-571-9975, www.neworleanskayakswamptours.com

Activité inusitée et pourtant idéale pour tâter le pouls de la vie sauvage dans les bayous, cette excursion en kayak permet de ramer là où le pirate Jean Lafitte naviguait il y a trois siècles. Au ras de l'eau, il est courant d'observer des loutres, des aigles à tête blanche, des tortues, des cerfs et des alligators, que l'on se garde bien d'approcher de trop près. Des guides d'expérience encadrent les petits groupes dans la plus grande sécurité.

Cafés et restos
(voir carte p. 113)

La Great River Road

B&C Seafood Market and Cajun Deli *$-$$*
2155 Hwy. 18, Vacherie, 225-265-8356

À quelques mètres à l'est de la plantation créole de Laura se trouve l'un des meilleurs, et peu nombreux, restaurants de la Great River Road. Authentique à souhait avec sa façade de briques et de bois, ses nappes à carreaux et sa clientèle composée de travailleurs des champs de canne à sucre voisins, B&C Seafood est un arrêt incontournable lors de votre excursion! Tommy et Geneva, les propriétaires des lieux, vont chercher leurs fruits de mer (crevettes essentiellement) chez les pêcheurs du coin, ce qui garantit une fraîcheur sans pareille.

DJ's Grille *$-$$*
21060 Hwy. 20, Vacherie, 225-265-7600

Restaurant sans grande prétention qui permet de se sustenter pour pas cher relativement près de la plantation d'Oak Alley (comptez 10 min en voiture). À la carte: hamburgers, pizzas, quelques plats cajuns et des fruits de mer, le tout servi par un personnel poli et agréable. La clientèle est principalement locale.

The Cabin *$$*
5405 Louisiana Hwy. 44, au croisement avec la Hwy. 22, Gonzales, 225-473-3007, www.thecabinrestaurant.com

Située à quelques kilomètres seulement de la Houmas House Plantation, cette jolie maison datant de 1850, une ancienne cabane d'esclaves, est à la fois un musée et un restaurant de cuisine cajun proposant des plats typiques comme la tarte aux écrevisses ou le *jambalaya*. Le décor est charmant avec les vieux tableaux aux murs et les anciens instruments agricoles sur la cheminée. Une belle visite dans le passé!

Oak Alley Plantation Restaurant *$$*
3645 Hwy. 18, Vacherie, 225-265-2487, www.oakalleyplantation.com

Difficile d'obtenir une note parfaite dans un endroit si touristique. Certains clients seront étonnés de la qualité de la cuisine cajun servie (*gumbos*, *po' boys*, crevettes...), d'autres trouveront que les prix sont exorbitants pour des plats plutôt classiques. Tout le monde s'entend toutefois pour dire que le service est excellent et le décor du cottage, enchanteur.

Les environs de La Nouvelle-Orléans

la nouvelle-
orléans
pratique

La Nouvelle-Orléans pratique

Les formalités

Passeports et visas

Pour entrer aux États-Unis, les citoyens canadiens ont besoin d'un passeport.

Les résidents d'une trentaine de pays dont la France, la Belgique et la Suisse, en voyage d'agrément ou d'affaires, n'ont plus besoin d'être en possession d'un visa pour entrer aux États-Unis à condition de détenir un billet d'avion aller-retour valide, de présenter un passeport électronique et de projeter un séjour d'au plus 90 jours.

Depuis 2009, les ressortissants des pays bénéficiaires du Programme d'exemption de visa doivent obtenir une autorisation de séjour avant d'entamer leur voyage aux États-Unis. Afin d'obtenir cette autorisation, les voyageurs éligibles doivent remplir le questionnaire du Système électronique d'autorisation de voyage (ESTA) au moins 72h avant leur déplacement aux États-Unis. Ce formulaire est disponible sur le site Internet administré par le **U.S. Department of Homeland Security** *(https://esta. cbp.dhs. gov/esta/esta.html)*. Des frais d'administration de 14$ sont exigés.

L'arrivée

Par avion

Louis Armstrong New Orleans International Airport

Le **Louis Armstrong New Orleans International Airport**

Louis Armstrong New
Orleans International Airport.

(17 km à l'ouest du Central Business District, www.flymsy.com) accueille plus de 9 millions de voyageurs chaque année. Il compte tous les services nécessaires et offre le Wi-Fi gratuit.

L'**Airport Shuttle** (20$ aller; 504-522-3500 ou 866-596-2699, www.airportshuttleneworleans.com) vous déposera à votre hôtel (réservations requises 24h à l'avance pour se rendre à l'aéroport) s'il est situé dans le Vieux Carré français, le Central Business District (CBD) ou l'Uptown.

Un taxi jusqu'au Central Business District de La Nouvelle-Orléans vous coûtera environ 35$.

L'**Airport-Downtown Express E2** (2$; au départ de l'aéroport lun-ven 5h30 à 21h30, sam 6h30 à 21h30, dim 7h30 à 21h30; 504-364-3450, www.jeffersontransit.org) relie l'aéroport et le Central Business District (CBD) en un peu moins d'une heure.

Par autocar

Le **New Orleans Union Passenger Terminal** (1001 Loyola Ave.) est la gare d'où partent et où arrivent la plupart des autocars.

Les Québécois peuvent se rendre à La Nouvelle-Orléans à bord des autobus de la compagnie **Greyhound** (800-231-2222, www.greyhound.com). Ils peuvent faire leur réservation directe-

La Nouvelle-Orléans pratique

Le train *Crescent*.

ment auprès de la **Gare d'auto-cars de Montréal** *(1717 rue Berri, 514-842-2281, www.gamtl.com)*. Il faut compter environ 20h pour s'y rendre et le tarif varie de 350$ à 450$ pour l'aller-retour.

Par train

Les trains *City of New Orleans*, *Crescent* et *Sunset Limited*, exploités par la société **Amtrak** *(gare de La Nouvelle-Orléans: 1001 Loyola Ave., 800-872-7245, www.amtrak.com)*, relient La Nouvelle-Orléans à plusieurs villes des États-Unis, dont Houston, Tucson, Los Angeles, Chicago, Memphis, Philadelphie, Baltimore, Washington, Atlanta et New York. Notez qu'il n'y a pas de ligne qui relie directement le Québec à La Nouvelle-Orléans.

Par voiture

Si vous décidez de vous rendre à La Nouvelle-Orléans en voiture depuis le Québec, plusieurs possibilités de trajets s'offrent à vous. Selon les villes que vous désirez traverser en chemin (Pittsburgh, Washington, Nashville, Atlanta ou même New York), la durée de votre itinéraire peut varier de 20h à 32h.

Voici une suggestion de trajet dont la durée est estimée à 25h:

Au départ de Montréal, empruntez l'autoroute 20 vers l'ouest, puis l'autoroute 401 en Ontario jusqu'à Lansdowne, où vous franchirez la frontière avec les États-Unis. Poursuivez par l'Interstate 81 (I-81) jusqu'à Syracuse (New York), où vous prendrez l'I-90 vers l'ouest. Un peu avant Cleveland (Ohio), prenez l'autoroute 271 puis l'I-71, qui vous mènera à Louisville (Kentucky), où vous poursuivrez par l'I-65 jusqu'à Birmingham (Alabama). De là, il ne vous restera qu'à emprunter l'I-59 jusqu'à La Nouvelle-Orléans.

Si vous choisissez de vous rendre à La Nouvelle-Orléans en voiture, sachez qu'il vous sera très difficile de trouver un stationnement gratuit dans la rue. Par contre, les stationnements privés y sont nombreux; les tarifs varient grandement et il faut compter entre 15$ et 40$ par jour selon l'endroit. Les sites web *http://neworleans. bestparking.com* ou *www.parkme. com* permettent de comparer les prix et de réserver son emplacement (aucun paiement requis) avant de partir.

Le logement

La Nouvelle-Orléans attire énormément de visiteurs, et ses hôtels, auberges et gîtes touristiques (*bed and breakfasts*) s'emplissent rapidement, particulièrement lors des grands événements culturels et sportifs de la ville comme le carnaval du Mardi Gras (du 6 janvier à février ou mars selon les années) et le New Orleans Jazz & Heritage Festival (fin avril à début mai). Il est donc toujours sage de réserver.

Sachez aussi que se loger à La Nouvelle-Orléans coûte de plus en plus cher, soit en moyenne 180$ par nuitée pour une chambre standard.

Cela dit, l'éventail des possibilités offertes vous assure un séjour à votre mesure, que vous souhaitiez vous faire dorloter dans un opulent hôtel historique, retrouver le confort et l'intimité de votre foyer dans un gîte touristique familial, ou simplement vous la couler douce dans un cadre confortable et isolé.

Voici un site intéressant qui regroupe de nombreux *bed and breakfasts* en Louisiane, dont plusieurs à La Nouvelle-Orléans et ses environs:

www.louisianabandb.com

Location d'appartements

Divers sites Internet proposent de mettre directement en contact les voyageurs avec des résidents de La Nouvelle-Orléans qui louent une chambre ou un appartement complet, moyennant des frais de service retenus sur le coût de chaque location. Cette option permet de faire de bonnes économies sur le coût de l'hébergement, mais il importe évidemment de demeurer vigilant, notamment en vérifiant les commentaires laissés par d'autres locataires.

La Nouvelle-Orléans pratique

The Olivier House Hotel.

Voici quelques sites qui offrent ce service d'hébergement :

www.airbnb.com

www.homeaway.com

www.roomorama.com

www.vrbo.com

www.homelidays.com

Auberges de jeunesse

Auberge Nola *$*
1628 Carondelet St., 504-524-5980
ou 504-450-5091, www.aubergenola.com

AAE Bourbon House *$*
1660 Annunciation St., 504-644-2199,
www.bourbon.aaeworldhotels.com

India House Hostel *$*
Voir la description p. 131.

Hôtels

Prix

L'échelle utilisée dans ce guide donne des indications de prix pour une chambre standard pour deux personnes, avant taxe, en vigueur durant la haute saison (hors Mardi Gras cependant).

$	moins de 100$
$$	de 100$ à 150$
$$$	de 151$ à 250$
$$$$	de 251$ à 350$
$$$$$	plus de 350$

Chacun des établissements inscrits dans ce guide s'y retrouve en raison de ses qualités ou particularités, en plus de son rapport qualité/prix. Parmi ce groupe déjà sélect, certains établissements se distinguent encore plus que les autres.

Nous leur avons donc attribué le label Ulysse (🌀). Celui-ci peut se retrouver dans n'importe lesquelles des catégories d'établissements : supérieure, moyenne-élevée, petit budget. Quoi qu'il en soit, dans chacun de ces établissements, vous en aurez pour votre argent. Repérez-les en premier!

Le Vieux Carré français
(voir carte p. 31)

Hotel Villa Convento $$-$$$ [73]
616 Ursulines Ave., 504-522-1793, www.villaconvento.com

Trouver un hôtel de qualité, bien situé et pour un prix modeste, peut être un vrai casse-tête dans le French Quarter. L'hôtel Villa Convento, installé dans un beau bâtiment créole, propose des chambres certes parfois petites et sombres, mais au charme d'antan avec leurs murs de briques et leur décoration louisianaise. Une belle trouvaille! Stationnement gratuit à proximité.

The Olivier House Hotel $$-$$$ [76]
828 Toulouse St., 504-525-8456, www.olivierhousehotel.com

Très bien situé au cœur du Vieux Carré français, l'Olivier House est un élégant hôtel de taille moyenne construit autour d'une superbe cour intérieure envahie par une végétation luxuriante. Charme ancien et couleurs créoles, tant dans l'architecture extérieure qu'intérieure,

confèrent une ambiance chaleureuse aux lieux. Piscine sur place. Wi-Fi gratuit.

Maison Dupuy Hotel $$$ [75]
1001 Toulouse St., 504-586-8000 ou 800-535-9177, www.maisondupuy.com

Établissement à l'architecture typique avec ses balcons en fer forgé, sa cour intérieure (avec piscine chauffée) et son impressionnante fontaine en marbre à la française, l'hôtel Maison Dupuy ne déroge pas à la règle du charme du French Quarter. Les chambres sont simples, propres et décorées de manière moderne et élégante.

🌀 Hotel Mazarin $$$ [71]
730 Bienville St., 504-581-7300, www.hotelmazarin.com

Situé à un demi-pâté de maisons de Bourbon Street, l'hôtel Mazarin bénéficie d'un emplacement central dans le Vieux Carré français et jouit d'une quiétude reposante grâce à son superbe patio à la décoration et aux couleurs créoles. On préférera une chambre donnant sur cette cour intérieure plutôt que sur la rue Bienville, très fréquentée en soirée.

Jazz Quarters $$$-$$$$ [74]
1129 Saint Philip St., 504-523-1372 ou 800-523-1060, www.jazzquarters.com

Cet hôtel de neuf suites, aux allures de petits cottages de une à quatre chambres chacun, se cache derrière un portail encadré de verdure. À l'intérieur des pièces comme à l'extérieur, les couleurs créoles

La Nouvelle-Orléans pratique

Hotel Monteleone.

apportent une touche chaleureuse et confortable à l'établissement. De petites attentions, comme des serviettes fraîches et des boissons mises à disposition, nous font nous sentir comme à la maison.

Hotel Monteleone $$$$ [72]
214 Royal St., 504-523-3341 ou 866-338-4684, www.hotelmonteleone.com

Impossible de ne pas remarquer l'opulent Hotel Monteleone, dont l'enseigne au néon rouge juchée sur le toit illumine une partie du ciel du Vieux Carré français. Les plus grands écrivains de passage à La Nouvelle-Orléans y ont séjourné, de William Faulkner à Ernest Hemingway en passant par Truman Capote et Anne Rice. Une adresse historique où l'on peut se contenter de prendre un verre au **Carousel Bar & Lounge** (voir p. 48) si l'on n'a pas les moyens de s'offrir une suite. Accès Internet payant.

The Ritz-Carlton, New Orleans $$$$ [77]
921 Canal St., angle Dauphine St., 504-524-1331, www.ritzcarlton.com/neworleans

Classe et dévouement de la part du personnel permettent au Ritz-Carlton de se démarquer des autres hôtels du quartier. L'hôtel d'une quinzaine d'étages propose des chambres et des suites au confort et à la décoration raffinés. On apprécie particulièrement les concerts de jazz et le thé en après-midi au Davenport Lounge.

Audubon Cottages $$$$-$$$$$ [70]
509 Dauphine St., 504-586-1516, www.auduboncottages.com

La différence entre cette résidence hôtelière de standing et ses voi-

The Ritz-Carlton, New Orleans.

sines? L'intimité et le charme de ses sept cottages, d'une ou deux chambres, donnant sur de petites cours privées ou sur une piscine chauffée entourée de briques et de verdure. Cette adresse historique datant du XVIIIe siècle est un refuge luxueux à deux pas de l'animation de Bourbon Street. Petit déjeuner inclus.

Le Faubourg Marigny et Bywater
(voir carte p. 55)

Caprice Cottage $$ [28]
1905 Burgundy St., creolwrld@aol.com, www.vrbo.com/50794

Ce cottage créole, l'un des plus vieux du Faubourg Marigny, est le domicile de Paul Nevski, guide francophone (voir **Le Monde Créole**, p. 146) qui aime sa ville et son quartier plus que tout au monde. Il accueille les couples d'amis et les familles pour de courts ou moyens séjours dans deux chambres voisines, au rez-de-chaussée de son habitation de charme, et offre l'accès au salon et à la cuisine. Un pied-à-terre idéal pour se sentir un peu chez soi à La Nouvelle-Orléans.

Hotel de la Monnaie $$ [29]
405 Esplanade Ave., 504-947-0009, www.hoteldelamonnaie.com

Parfait pour les familles et les groupes d'amis, cet hôtel propose des appartements avec plusieurs chambres, sofa-lit, coin repas et cuisinette. Situé, comme son nom l'indique, en face de l'**Old U.S. Mint** (voir p. 33), l'établissement n'est pas de toute jeunesse, mais il est propre et pas très cher. Cour

La Nouvelle-Orléans pratique

extérieure, bain à remous et accès Internet gratuit.

Auld Sweet Olive Bed & Breakfast $$-$$$ [26]
2460 N. Rampart St., 504-947-4332
ou 877-470-5323, www.sweetolive.com

Nancy Gunn a quitté son métier de productrice télé pour s'occuper de ce charmant *B&B* installé dans un cottage créole jaune poussin. Chaque matin, une délicieuse odeur de cannelle et de vanille, celle du petit déjeuner fait maison, s'infiltre dans les couloirs et parfume les cinq chambres et suites de la résidence. Très agréable véranda et cour arrière avec hamac et végétation tropicale.

B&W Courtyards Bed and Breakfast $$$ [27]
2425 Chartres St., 504-322-0474
ou 800-585-5731, www.bandwcourtyards.com

Romantique, intime et accueillant, ce *B&B* de la rue Chartres, à quatre rues de Frenchmen Street, a beaucoup de charme. Une cour centrale relie les trois cottages créoles qui abritent quatre chambres et deux suites toutes décorées dans un style poétique. Beau patio à l'arrière avec bain à remous. Petit déjeuner maison inclus.

Maison de Macarty $$$ [30]
3820 Burgundy St., 504-267-1564,
www.maisonmacarty.com

Située dans le quartier bohème et légèrement excentré de Bywater, cette belle maison victorienne est un gîte de choix, décoré avec goût et tenu par des hôtes serviables. Quatre chambres se trouvent dans la maison principale, deux dans des cottages privés. Piscine, accès Wi-Fi gratuit et petit déjeuner inclus.

Maison Dubois $$$ [31]
1419 Dauphine St., 866-948-1619,
www.maisondubois.net

On craque assurément pour sa charmante petite piscine entourée de palmiers et de statues antiques! Le bain à remous voisin est peut-être en trop (vu la chaleur ambiante en été), mais ces distinctions font partie des éléments forts de ce *B&B* de cinq chambres. Aussi proche des boîtes de jazz du Faubourg Marigny que des attractions du French Quarter, la Maison Dubois est une bonne adresse.

Le Central Business District et l'Arts District
(voir carte p. 65)

Drury Inn & Suites – New Orleans $$-$$$ [39]
820 Poydras St., 504-529-7800
ou 800-378-7946, www.druryhotels.com

Meilleur rapport qualité/prix du CBD, l'hôtel de la chaîne Drury Inn & Suites est à mi-chemin entre le French Quarter et le Superdome. Ne vous fiez pas à son extérieur plutôt quelconque; les chambres sont spacieuses et comportent de

Auld Sweet Olive Bed & Breakfast.

grandes fenêtres. Petit déjeuner continental et Wi-Fi offerts.

Loews New Orleans Hotel
$$$-$$$$ [41]
300 Poydras St., 504-595-3300
ou 866-211-6411, www.loewshotels.com
Une chambre avec vue sur le French Quarter ou sur le Mississippi vaut le coup d'être précisée lors d'une réservation au Loews. Lumineuses et décorées de photos de la ville, les 285 chambres et suites sont toutes spacieuses et dotées de salles de bain en bois et en granit.

Windsor Court Hotel **$$$-$$$$** [43]
300 Gravier St., 504-523-6000 ou 800-928-7898, www.windsorcourthotel.com
Récemment rénové, l'hôtel Windsor Court dispose d'immenses chambres et suites, très éclairées par la lumière naturelle. La superbe piscine sur le toit est un lieu idéal pour profiter du coucher de soleil tandis que le chic **Polo Club Lounge** (voir p. 78) permet de se rafraîchir dans une ambiance à l'anglaise.

International House Hotel
$$$$ [40]
221 Camp St., 504-553-9550,
www.ihhotel.com
Superbe hôtel-boutique de style Beaux-Arts datant de 1906 avec restaurant, bar et Wi-Fi gratuit. Les 117 chambres, suites et appartements sont tous aménagés avec goût. Le hall est souvent décoré à l'effigie d'un événement propre à la ville (Sugar Bowl, New Orleans Jazz & Heritage Festival, Mardi Gras...).

La Nouvelle-Orléans pratique

The Roosevelt New Orleans
$$$$ [42]

130 Roosevelt Way, 504-648-1200 ou 800-925-3673, www.therooseveltneworleans.com

The Roosevelt est considéré comme un doyen, plutôt bien conservé d'ailleurs depuis 1893, parmi les hôtels souvent contemporains du quartier. On apprécie, comme les stars de cinéma régulièrement de passage, ses installations et services de haut standing, comme le spa Guerlain, le bar Sazerac et le restaurant **Domenica** (voir p. 75). Internet payant, piscine sur le toit.

Le Garden District et Uptown
(voir carte p. 83)

Hubbard Mansion Bed & Breakfast **$$-$$$** [41]

3535 Saint Charles Ave., 504-897-3535, www.hubbardmansion.com

Facilement accessible en *streetcar* à partir du French Quarter, cette somptueuse réplique d'une demeure de Natchez, Mississippi, est un lieu idéal pour goûter au charme de la vie dans le Garden District. On y apprécie la décoration et les meubles d'antiquaire des cinq chambres qui offrent tout le confort moderne. Un bon petit déjeuner, avec vue sur les jardins à l'arrière du bâtiment, complète l'expérience.

The Chimes Bed & Breakfast
$$-$$$ [44]

1146 Constantinople St., 504-899-2621 ou 504-453-2183, www.chimesneworleans.com

Beau pied-à-terre pour découvrir le quartier dynamique d'Uptown, ce *B&B* aux murs blancs et verts se fond parfaitement dans la végétation et l'architecture du quartier. Les cinq chambres intimes et raffinées sont dotées d'une cheminée pour certaines, d'un lit d'appoint pour les autres. Sans fioriture ni prétention, un petit paradis de nature et de quiétude.

Magnolia Mansion **$$$** [42]

2127 Prytania St., 504-412-9500, www.magnoliamansion.com

Avec ses colonnes corinthiennes, le blanc immaculé de sa façade et ses chênes centenaires, le Magnolia Mansion offre un environnement romantique, un brin pompeux. Qu'importe, les amoureux de passage apprécieront certainement les chambres colorées, certaines décorées selon des thèmes propres à la Louisiane. Service de qualité. Accès Internet gratuit.

Park View Guest House **$$$** [43]

7004 Saint Charles Ave., 504-861-7564 ou 888-533-0746, www.parkviewguesthouse.com

Comme son nom l'indique, ce *B&B* offre, d'un côté, une superbe vue sur le parc Audubon depuis le balcon de certaines chambres (à spécifier lors de la réservation) et de l'autre, un accès immédiat au *streetcar* de l'avenue Saint Charles. Le mobilier ancien s'intègre à merveille dans le décor de cette belle maison au charme d'antan.

The Roosevelt New Orleans.

The Prytania Park Hotel $$$ [45]

1525 Prytania St., 504-524-0427
ou 800-862-1984, www.prytaniaparkhotel.com

Pas de décoration fastueuse ni de services époustouflants dans cet hôtel de 75 chambres, mais un bon rapport qualité/prix compte tenu de son emplacement proche des principales attractions du CBD, facilement accessibles en *streetcar*. Service très aimable et petit déjeuner servi tous les jours dans le patio.

Tremé et Mid-City
(voir carte p. 99)

India House Hostel $ [40]

124 S. Lopez St., 504-821-1904,
www.indiahousehostel.com

Il existe trop peu de bonnes auberges de jeunesse à *NOLA* pour que l'India House Hostel ne soit pas mentionnée. Voyageurs et étudiants à petit budget apprécieront cette résidence créole toute proche de Canal Street. On y organise souvent des concerts et il n'y a pas de couvre-feu la nuit. En plus des dortoirs, des chambres privées sont disponibles pour ceux qui préfèrent l'intimité. Piscine, cuisines intérieure et extérieure et Wi-Fi gratuit.

1896 O'Malley House $$$ [37]

120 S. Pierce St., 504-488-5896
ou 866-226-1896, www.1896omalleyhouse.com

Ce *B&B* est un joyau caché de Mid-City, paisible malgré l'effervescente Canal Street voisine. Les huit suites sont luxueusement décorées et équipées (baignoire à remous dans plusieurs). L'une d'entre elles est même réputée être hantée!

La Nouvelle-Orléans pratique

La Belle Esplanade.

Antebellum Guest House $$$
[38]
1333 Esplanade Ave., 504-943-1900,
www.antebellumguesthouse.com

Cette somptueuse demeure *ante-bellum*, c'est-à-dire «qui date d'avant la guerre civile américaine», baigne dans une atmosphère de grandeur avec ses colonnes grecques et sa décoration de style rococo. On apprécie ou pas, mais tout le monde s'entendra sur la gentillesse et la passion qui animent les hôtes quand ils parlent de leur ville. Superbe jardin aux arbres habillés de guirlandes de mousse.

Degas House $$$ [39]
2306 Esplanade Ave., 504-821-5009
ou 800-755-6730, www.degashouse.com

À la fois musée (voir p. 103) et *B&B*, cette demeure atypique vous permet de revivre l'époque des grands peintres impressionnistes en logeant là où Edgar Degas lui-même a passé plusieurs mois lors d'un séjour en 1873. On s'imagine le peintre en plein travail dans les six chambres et trois suites, de taille et de décoration variables. Balcon et baignoire à remous privés pour deux des suites. Petit déjeuner créole et accès Internet inclus.

La Belle Esplanade $$$ [41]
2216 Esplanade Ave., 504-301-1424,
www.labelleesplanade.com

Impossible de manquer les trois belles demeures colorées de Matthew et Melanie. Leur *B&B* se situe dans celle du milieu, de teinte orange, et abrite cinq belles chambres finement décorées. Les balcons de chacune d'entre elles sont très appréciables, et le petit déjeuner, fait maison, est un bon moment pour discuter avec ces hôtes passionnés et attentionnés.

Les environs de La Nouvelle-Orléans : la Great River Road

(voir carte p. 113)

Oak Alley Plantation *$$$*
3645 Hwy. 18, Vacherie, 225-265-2151 ou 800-442-5539, www.oakalleyplantation.com

La plus célèbre de toutes les plantations de Louisiane (voir p. 115) laisse ses portes ouvertes pour les visiteurs d'un soir. On ne peut malheureusement pas dormir dans la maison principale, mais on se console dans les très beaux cottages voisins, véritables petites maisons de charme. L'idéal pour aller se promener tranquillement en soirée le long de la fameuse allée de chênes plusieurs fois centenaires.

Ormond Plantation Bed & Breakfast *$$$*
13786 River Rd., Destrehan, 985-764-8544, www.plantation.com

Si vous souhaitez passer une nuit dans une plantation sans trop vous éloigner de La Nouvelle-Orléans, sachez que ce *B&B* est l'adresse idéale. Située à 40 km du centre-ville et 15 km de l'aéroport, la demeure est entourée d'une très belle terrasse où est servi le petit déjeuner. Vous pourrez visiter à loisir les immenses pièces et le beau domaine de la plantation. Restaurant sur place.

Nottoway Plantation *$$$*
31025 Hwy. 1, White Castle, 225-545-2730 ou 866-527-6884, www.nottoway.com

Plus grande maison de plantation du sud des États-Unis, Nottoway propose à ses visiteurs de passer la nuit dans l'une des 40 chambres réparties dans le bâtiment principal et dans plusieurs cottages. C'est un plaisir d'explorer librement le terrain recouvert de grands chênes avant de dîner au restaurant sur place.

Les déplacements

Orientation

Suivant la courbure du Mississippi, les rues de La Nouvelle-Orléans forment un damier où il est relativement facile de s'orienter. Parmi les rues principales qui servent de repères dans les quartiers centraux, on retrouve, disposées parallèlement au fleuve : Royal Street (Vieux Carré français), Saint Charles Avenue et Magazine Street (du Central Business District à Uptown en passant par le Garden District) ou encore North Carrollton Avenue (Mid-City). Disposées perpendiculairement au fleuve, on retrouve : Canal Street (séparant le Vieux Carré français et le Central Business District), Esplanade Avenue (séparant le Vieux Carré français et le Faubourg Marigny) et Napoleon Avenue (séparant le Garden District et Uptown).

La Nouvelle-Orléans pratique

En voiture

L'automobile ne constitue pas le moyen le plus efficace, ni le plus agréable, pour visiter La Nouvelle-Orléans, sans oublier que vous devrez souvent payer pour vous stationner dans les rues ou à votre hôtel. Nous vous conseillons donc fortement de découvrir La Nouvelle-Orléans à pied et, pour parcourir des distances plus longues, de recourir aux transports en commun, dont le *streetcar*.

Si, malgré tout, vous souhaitez louer une voiture, notamment pour visiter les environs de la ville, sachez que plusieurs agences de location exigent que leurs clients soient âgés d'au moins 25 ans et que toutes insistent pour qu'ils soient en possession d'une carte de crédit reconnue.

En transports en commun

New Orleans Regional Transit Authority

La **New Orleans Regional Transit Authority (RTA)** *(504-248-3900, www.norta.com)* est un réseau de transport en commun d'autobus et de trolleys qui dessert le centre de La Nouvelle-Orléans et ses environs. Le tarif est de 1,25$ par trajet, et si vous désirez une correspondance (valide pour 2h), il vous faudra débourser 0,25$ supplémentaires. Il peut être avanta-geux d'opter pour les laissez-passer *Jazzy Passes*, qui permettent de voyager sur toutes les lignes sans restriction pendant un ou plusieurs jours *(3$/1 jour, 9$/3 jours, 55$/31 jours)*.

En taxi

De nombreux taxis sillonnent les rues de La Nouvelle-Orléans. Vous n'aurez, la plupart du temps, qu'à lever le bras pour en héler un. Voici, malgré tout, les coordonnées de quelques compagnies de taxis :

New Orleans Carriage Cab: 504-207-7777, www.neworleanscarriagecab.com

Nawlins Cab: 504-522-9059, www.nawlinscab.com

United Cab: 504-522-9771 ou 504-524-9606, www.unitedcabs.com

Depuis 2014, le service de voiturier **Uber** *(www.uber.com)* s'est également installé à La Nouvelle-Orléans. Il offre une prise en charge rapide au moyen d'une application pour téléphone intelligent. Le prix d'une course est abordable et souvent moins cher qu'en taxi. Un système de géolocalisation permet au chauffeur le plus près d'aller rapidement vous cueillir, et le paiement se fait en ligne sur votre carte de crédit.

City Park.

À pied

C'est habituellement à pied que l'on apprécie le mieux une ville. La Nouvelle-Orléans n'échappe pas à cette règle. C'est encore la marche qui permet le mieux de goûter la richesse architecturale de la ville, de profiter de ses nombreux parcs et places publiques ou de faire la tournée des bars et salles de spectacle. Donc, lors de votre séjour dans *The Big Easy*, assurez-vous de ne pas avoir oublié vos chaussures de marche!

À vélo

La Nouvelle-Orléans est agréable à parcourir à vélo et, de plus en plus, on voit apparaître des pistes cyclables. D'ailleurs, un nombre surprenant de personnes prennent le vélo chaque jour pour se rendre au travail. L'un des meilleurs endroits pour faire du vélo est le **City Park** (voir p. 104).

Vous pouvez télécharger une carte du réseau de pistes cyclables sur le site Internet de la Ville: *www.nola.gov/dpw/documents/bikeways*.

Plusieurs entreprises offrent la location de vélos. En voici quelques-unes:

Arts District Bike Rental:
1121 Margaret Place, 504-521-6390,
http://artsdistrictbikerental.com

A Bicycle Named Desire:
632 Elysian Fields Ave., 504-345-8966,
http://abicyclenameddesire.com

A Musing Bikes: 1818 Magazine St.,
504-208-9779, www.amusingbikes.com

Taux de change

1$US =	1,18$CA
1$US =	0,84€
1$US =	1,01FS
1$CA =	0,85$US
1€ =	1,19$US
1FS =	0,99$US

N.B. Les taux de change peuvent fluctuer en tout temps.

Bon à savoir

Argent et services financiers

Monnaie

L'unité monétaire des États-Unis est le dollar américain ($US), divisé en 100 cents. Il existe des billets de banque de 1, 5, 10, 20, 50 et 100 dollars, ainsi que des pièces de 1 (*penny*), 5 (*nickel*), 10 (*dime*) et 25 (*quarter*) cents. Il y a aussi les pièces d'un demi-dollar et d'un dollar ainsi que le billet de deux dollars, mais ils sont très rarement utilisés.

Il est à noter que tous les prix mentionnés dans le présent ouvrage sont en dollars américains.

Banques

Les banques sont généralement ouvertes du lundi au vendredi, de 9h à 15h. Le meilleur moyen pour retirer de l'argent à La Nouvelle-Orléans consiste à utiliser sa carte bancaire (carte de guichet automatique). Attention, votre banque vous facturera des frais fixes (par exemple 5$CA) et il vaut mieux éviter de retirer de petites sommes.

Bars et boîtes de nuit

Certains établissements exigent des droits d'entrée, particulièrement lorsqu'il y a un spectacle. Pour les consommations, un pourboire d'environ 15% de l'addition est de rigueur (voir p. 139). Notez que l'âge à partir duquel il est permis

Moyennes des températures et des précipitations

	Maximum (°C)	Minimum (°C)	Précipitations (mm)
Janvier	18,6	7,2	121
Février	20,1	8,4	106
Mars	23	11,3	167
Avril	26,3	14,7	138
Mai	30	19,3	138
Juin	32,3	22,4	141
Juillet	33,2	23,6	180
Août	33,3	23,5	163
Septembre	31,3	21,8	148
Octobre	27,4	16,4	93
Novembre	23	10,9	102
Décembre	19,3	7,5	116

La Nouvelle-Orléans pratique

Noël dans le French Quarter.

La Nouvelle-Orléans pratique

légalement de boire de l'alcool est de 21 ans.

Climat

Le climat à La Nouvelle-Orléans est chaud et humide presque toute l'année. En raison de son climat subtropical humide, des pluies soudaines peuvent survenir régulièrement. Si la saison des ouragans qui se déroule de juin à novembre vous inquiète, consultez les prévisions météorologiques lors de votre séjour sur le site Internet du **National Hurricane Center** *(www.nhc. noaa.gov)*.

Décalage horaire

Lorsqu'il est midi à Montréal, il est 11h à La Nouvelle-Orléans. Le décalage horaire pour la France, la Belgique ou la Suisse est de sept heures. Attention cependant aux changements d'heure, qui ne se font pas aux mêmes dates qu'en Europe : aux États-Unis et au Canada, l'heure d'hiver entre en vigueur le premier dimanche de novembre (on recule d'une heure) et prend fin le deuxième dimanche de mars (on avance d'une heure).

Électricité

Partout aux États-Unis et en Amérique du Nord, la tension électrique est de 110 volts et de 60 cycles (Europe : 50 cycles); aussi, pour utiliser des appareils électriques européens, devrez-vous vous munir d'un transformateur de courant adéquat, à moins que le chargeur de votre appareil n'indique 110-240V.

Les fiches électriques sont plates, et vous pourrez trouver des adaptateurs sur place ou, avant de partir, vous en procurer dans une boutique d'accessoires de voyage ou une librairie de voyage.

Heures d'ouverture

Les commerces sont généralement ouverts du lundi au mercredi de 10h à 18h, les jeudi et vendredi de 10h à 21h et le dimanche de 12h à 17h. Les supermarchés et les grandes pharmacies ferment en revanche plus tard ou restent même, dans certains cas, ouverts 24 heures sur 24, sept jours sur sept.

Jours fériés

Voici la liste des jours fériés aux États-Unis. Notez que la plupart des magasins, services administratifs et banques sont fermés pendant ces jours.

New Year's Day (jour de l'An)
1er janvier

Martin Luther King, Jr. Day
troisième lundi de janvier

President's Day (anniversaire de George Washington)
troisième lundi de février

Memorial Day
quatrième lundi de mai

Independence Day (fête nationale)
4 juillet

Labor Day (fête du Travail)
premier lundi de septembre

Columbus Day (jour de Christophe Colomb)
deuxième lundi d'octobre

Veterans Day (jour des Vétérans et de l'Armistice)
11 novembre

Thanksgiving Day (jour de l'Action de grâce)
quatrième jeudi de novembre

Christmas Day (Noël)
25 décembre

Pourboire

Le pourboire s'applique à tous les services rendus à table, c'est-à-dire dans les restaurants et les autres endroits où l'on vous sert à table (la restauration rapide n'entre donc pas dans cette catégorie). Il est aussi de rigueur dans les bars, les boîtes de nuit et les taxis, entre autres.

Selon la qualité du service rendu, il faut compter environ 15% de pourboire sur le montant avant taxes. Il n'est généralement pas, comme en Europe, inclus dans l'addition, et le client doit le calculer lui-même et le remettre à la serveuse ou au serveur. Ne pas donner de pourboire est très, très mal vu!

Presse écrite

Anciennement un quotidien, le journal *The Times-Picayune* (www.nola.com) est publié depuis 2013

La Nouvelle-Orléans pratique

La Nouvelle-Orléans pratique

Le camion gastronomique La Cocinita.

les mercredi, vendredi et dimanche en grand format et les lundi, mardi et jeudi en format tabloïd. Sa version en ligne est mise à jour quotidiennement. Parmi les journaux distribués gratuitement, qui sont une bonne source d'information pour les visiteurs, on retrouve l'*OffBeat* (*www.offbeat.com*), qui paraît une fois par mois, et le *Gambit* (*www.bestofneworleans.com*), un hebdomadaire. On les trouve facilement dans plusieurs commerces de la ville ainsi que dans les bars et restaurants.

Renseignements touristiques

New Orleans Official Guide: www.neworleansonline.com

New Orleans Convention & Visitors Bureau: 2020 Saint Charles Ave., 504-566-5011, www.neworleanscvb.com

French Quarter Visitor Center: 419 Decatur St., 504-589-2636, www.nps.gov/jela/french-quarter-site.htm

Restaurants

En plus de l'histoire, la culture et l'architecture, plusieurs touristes viennent à La Nouvelle-Orléans pour goûter à sa cuisine. Bien sûr, vous n'aurez aucune difficulté à trouver des restaurants proposant les classiques de la cuisine cajun et créole (voir l'encadré p. 76) tels que le *gumbo*, le *blackened fish*, le *jambalaya* et autres *po' boy*. Mais la gastronomie néo-orléanaise ne s'arrête pas là: French Quarter oblige, vous trouverez également d'excellentes tables françaises en ville, de même que de bons restaurants italiens.

↘

Les food trucks *de La Nouvelle-Orléans*

Encore récente dans le paysage de La Nouvelle-Orléans, la cuisine de rue fait de nouveaux adeptes chaque jour. Oubliez les petits stands à hot-dog et préparez-vous à vivre de véritables expériences gastronomiques. Les prix varient d'un camion à l'autre, mais restent généralement raisonnables (*$-$$*).

Pour savoir en tout temps où se garent les camions-restaurants ambulants, visitez le site *http://roaminghunger.com/nol.*

Nos camions préférés:

Foodie Call (cuisine du sud des États-Unis revisitée)

Taceaux Loceaux (tacos)

La Cocinita (cuisine latino-américaine)

Fat Falafel (falafels)

↖

Pour des adresses moins «touristiques», n'hésitez pas à sortir du Vieux Carré français pour découvrir les bons restaurants de quartier du Faubourg Marigny ou de Bywater. Vous trouverez également de bonnes tables, contemporaines ou classiques, dans le Central Business District, le Garden District et Uptown.

Les Américains parlent du *breakfast* pour désigner le repas du matin, du *lunch* pour le repas de midi et du *dinner* pour le repas du soir. Le *brunch*, qui combine *breakfast* et *lunch*, est généralement servi les samedi et dimanche entre 10h et 14h. Ville nocturne par excellence, La Nouvelle-Orléans compte plusieurs restaurants ouverts jusque tard dans la nuit. Au centre-ville, certains établissements affichent aussi des menus «après-théâtre» (généralement proposés entre 22h et minuit).

Dans le chapitre «Explorer La Nouvelle-Orléans», vous trouverez la description de plusieurs établissements pour chaque quartier. Sachez qu'il est essentiel, dans les

La Nouvelle-Orléans pratique

Quelques spécialités locales à goûter

Le *blackened fish* («poisson noirci»), un poisson en croûte de beurre aux herbes et épices aromatiques.

Le *po' boy*, un sandwich dans lequel on met du bœuf rôti, des crevettes ou des huîtres frites.

Le *jambalaya* peut être comparé à la paella espagnole. Comme cette dernière, il est à base de viande (souvent de la saucisse), de légumes et de riz, mais les épices diffèrent.

D'origine sicilienne, le *muffuletta* est un pain au sésame dans lequel on insère des charcuteries, des olives et du fromage.

Le *gumbo* est un ragoût préparé à base d'un bouillon épicé, de légumes, de viande ou de crustacés. Sa recette diffère selon son origine créole ou cajun.

L'alligator, une viande blanche plutôt tendre, est cuisiné à toutes les sauces.

meilleurs restaurants, de réserver sa table en téléphonant plusieurs heures, jours, voire semaines à l'avance.

Les tarifs indiqués dans ce guide s'appliquent à un repas complet pour une personne, avant les boissons, les taxes (voir p. 144) et le pourboire (voir p. 139).

$	moins de 15$
$$	de 15$ à 25$
$$$	de 26$ à 40$
$$$$	plus de 40$

Parmi les restaurants proposés dans ce guide, certains se distinguent encore plus que les autres. Nous leur avons donc attribué le label Ulysse ⬤. Repérez-les en premier!

Santé

Pour les personnes en provenance d'Europe et du Canada, aucun vaccin n'est nécessaire. D'autre part, il est vivement recommandé, en

Po' boy et *gumbo* du restaurant Liuzza's by the Track

raison du prix élevé des soins, de souscrire une bonne assurance maladie-accident. Il existe différentes formules de protection et nous vous conseillons de les comparer. Emportez vos médicaments, surtout ceux qui exigent une ordonnance. Sauf indication contraire, l'eau est potable partout dans la région de La Nouvelle-Orléans.

Sécurité

Beaucoup de voyageurs se demandent s'il est sécuritaire de se promener à La Nouvelle-Orléans. La réponse est oui, à condition de rester vigilant. Les zones touristiques sont bien surveillées et restent généralement épargnées par les crimes violents. Il est recommandé toutefois de ne pas se rendre seul à pied la nuit dans les quartiers éloignés ou moins fréquentés et d'appeler plutôt un taxi. C'est le cas d'un secteur particulièrement défavorisé du quartier Tremé, situé au-delà de l'avenue North Claiborne entre Canal Street et Ursulines Avenue. La rue North Broad, qui délimite le quartier Mid-City au nord, marque de nouveau l'entrée dans une zone sûre. Tous les autres quartiers décrits dans ce guide sont sécuritaires.

Sports professionnels

Basketball

New Orleans Pelicans
Smoothie King Center, 1501 Dave Dixon Dr., 504-587-3822, www.smoothiekingcenter.com
Les amateurs de basketball se rendent au Smoothie King Cen-

ter, situé à l'ouest du Superdome, pour assister aux matchs des **New Orleans Pelicans** *(www.nba.com/ pelicans)* de la National Basketball Association (NBA).

Football américain

New Orleans Saints
Mercedes-Benz Superdome, 1500 Sugar Bowl Dr., 504-587-3822,
www.neworleanssaints.com

Pour participer à la folie des matchs de football américain, rendez-vous au Mercedes-Benz Superdome pour y voir jouer les Saints de la National Football League (NFL).

Sugar Bowl
Mercedes-Benz Superdome, 1500 Sugar Bowl Dr., 504-828-2440,
www.allstatesugarbowl.org
Voir p. 147.

Taxes

Notez qu'une taxe de vente de 9% est systématiquement ajoutée à tout achat effectué à La Nouvelle-Orléans, sauf sur les produits alimentaires achetés dans des épiceries.

La taxe sur l'hébergement est quant à elle de 14,75%.

Télécommunications

Malgré la prédominance des téléphones portables, on trouve encore aisément des cabines téléphoniques fonctionnant à l'aide de pièces de monnaie (0,50$) ou de cartes d'appel.

Dans la grande majorité des cas, l'indicatif régional de La Nouvelle-Orléans est le **504**.

Match des New Orleans Saints au Superdome.

Sachez que le numéro complet de 10 chiffres doit être composé dans tous les cas, même pour les appels locaux à l'intérieur de la grande région de La Nouvelle-Orléans.

Tout au long du présent ouvrage, vous apercevrez des numéros de téléphone dont le préfixe est *800*, *855*, *866*, *877* ou *888*, entre autres. Il s'agit alors de numéros sans frais, en général accessibles depuis tous les coins de l'Amérique du Nord.

Pour téléphoner à La Nouvelle-Orléans depuis le Québec, vous devez composer le *1* suivi de l'indicatif régional, puis le numéro de votre correspondant. Depuis la France, la Belgique et la Suisse, il faut faire le *00-1*, suivi de l'indicatif régional et du numéro.

Pour joindre le Québec depuis La Nouvelle-Orléans, vous devez com-poser le *1*, l'indicatif régional de votre correspondant et finale-ment son numéro. Pour atteindre la France, faites le *011-33*, puis le numéro complet en omettant le premier zéro. Pour téléphoner en Belgique, composez le *011-32*, l'indicatif régional puis le numéro. Pour appeler en Suisse, faites le *011-41*, l'indicatif régional et le numéro de votre correspondant.

Visites guidées

Gray Line
à compter de 43$ (visite de la ville), 49$ (visite des bayous) ou 62$ (visite d'une plantation); tlj; 504-569-1401 ou 800-233-2628, www.graylineneworleans.com

Cette compagnie propose des tours de ville thématiques (jazz, ouragan *Katrina*...) à pied ou en autobus ainsi que des visites des plantations (Laura Plantation, Oak Alley Plantation) et des bayous (avec option de transport en autobus au départ du French Quarter). À noter que certains tours combinent plusieurs de ces attraits.

Tours by Isabelle
à compter de 75$; tlj; 504-398-0365 ou 877-665-8687, www.toursbyisabelle.com
Arrivée à La Nouvelle-Orléans en 1974 pour un séjour d'un an, Isabelle Cossart, Française d'origine, n'est jamais repartie. Depuis 1979, elle organise des tours guidés de la ville, des plantations environnantes et des bayous à bord de minibus.

Haunted History Tours
à compter de 25$; 504-861-2727 ou 888-644-6787, www.hauntedhistorytours.com
Fantômes, vampires, vaudou, cimetières, voilà quelques thèmes proposés par les Haunted History Tours. Les visites guidées se font à pied et durent entre 1h30 et 2h.

Le Monde Créole
visites guidées en français à compter de 25$; tlj; 504-568-1801, www.mondecreole.com
Découvrez l'histoire de la famille de Laura Locoul (1861-1963), une Créole ayant vécu à La Nouvelle-Orléans et qui fut la propriétaire d'une plantation sur la Great River Road (la Laura Plantation). La promenade de 2h nous mène à travers de jolies ruelles, d'agréables jardins et de secrètes cours intérieures. Une visite à ne pas manquer! D'autres visites thématiques proposées par Le Monde Créole

permettent d'explorer le Garden District ou le quartier Tremé.

Historic New Orleans Tours
20$; tlj, à 11h et 13h45; 504-947-2120, www.tourneworleans.com
Historic New Orleans Tours propose d'intéressantes visites guidées du Vieux Carré français et du Garden District qui combleront les amateurs d'histoire et d'architecture. Des visites des cimetières et autres lieux «hantés» de La Nouvelle-Orléans sont également organisées.

Kayak-Iti-Yat
à compter de 40$; tlj; http://kayakitiyat.com
Pour sortir des sentiers battus, faites une excursion en kayak sur le Bayou St. John accompagné d'un guide expérimenté. Les tours, dont certains permettent également d'explorer d'autres bayous des environs, durent de 2h à 4h.

Visiteurs à mobilité réduite

L'organisme américain suivant est en mesure de fournir des renseignements utiles aux voyageurs à mobilité réduite: **Society for Accessible Travel and Hospitality** *(347 Fifth Ave., Suite 605, New York, NY 10016, 212-447-7284, www.sath.org).*

Vous trouverez également de l'information sur l'accessibilité aux transports en commun sur le site Internet de la **New Orleans Regional Transit Authority (RTA)**: *http://norta.com/Accessibility.aspx.*

Calendrier des événements

Voici un aperçu des plus grands événements annuels tenus à La Nouvelle-Orléans. Nous vous invitons à consulter les sites Internet des organismes pour en connaître les dates exactes, qui peuvent varier d'année en année.

Mardi Gras.

Janvier

Sugar Bowl
www.allstatesugarbowl.org
Le 1er janvier se tient au Superdome le Sugar Bowl, pendant lequel s'affrontent les meilleures équipes de football universitaire des États-Unis. Malgré le prix du billet qui se chiffre à environ 200$, l'événement est très couru et il faut acheter ses billets plusieurs mois à l'avance.

Février

Mardi Gras
www.mardigrasneworleans.com
Les festivités débutent le 6 janvier, jour de l'Épiphanie, et culminent le jour du Mardi Gras (2016 : 9 février; 2017 : 28 février; 2018 : 13 février; 2019 : 5 mars; 2020 : 25 février) avec un défilé qui dure de 8h du matin à minuit. Pour plus d'information sur ces célébrations emblématiques de La Nouvelle-Orléans, voir l'encadré p. 71.

Mars

Tennessee Williams/ New Orleans Literary Festival
fin mars; www.tennesseewilliams.net
Célèbre auteur américain, réputé notamment pour son roman *Un tramway nommé Désir* qui se passe à La Nouvelle-Orléans, Tennessee Williams (né Thomas Lanier Williams) est à l'honneur lors de ce festival qui présente son œuvre et la littérature américaine en général à travers des performances théâtrales et des conférences.

NOLA FoodFest
www.nolafoodfest.com
Lors de la dernière fin de semaine de mars, les restaurants, cafés et cantines roulantes se retrouvent au French Market afin de faire découvrir les spécialités de La Nouvelle-Orléans et de ses environs aux visiteurs.

La Nouvelle-Orléans pratique

Avril

French Quarter Festival

http://fqfi.org

Pendant une fin de semaine au début d'avril, plus de 150 prestations musicales sont présentées sur des scènes extérieures dans le French Quarter.

New Orleans Jazz & Heritage Festival

504-410-4100, www.nojazzfest.com

Durant 10 jours à la fin d'avril, les visiteurs peuvent assister à des concerts de jazz, de blues, de folk, de rock et même de hip-hop. Le festival permet également d'apprécier la gastronomie locale et le travail des artisans de la région.

Mai

New Orleans Wine & Food Experience

www.nowfe.com

Attirant plus de 10 000 amateurs de bonne chère et de vin pendant une fin de semaine, la New Orleans Wine & Food Experience est l'occasion de faire le plein de découvertes culinaires.

Juin

Cajun Zydeco Festival

mi-juin;
www.jazzandheritage.org/cajun-zydeco

Le Cajun Zydeco Festival, qui se tient au Louis Armstrong Park dans le quartier Tremé, présente des prestations musicales de groupes cajuns.

Juillet

Bastille Day

14 juillet

Afin de souligner la prise de la Bastille en 1789 et le lien particulier qui unit La Nouvelle-Orléans à la France, chaque 14 juillet, des activités sont organisées à travers la ville : parties de pétanque, concerts, arts et artisanat, jeux et dégustations de plats typiques, entre autres.

Août

French Film Festival

http://neworleansfilmsociety.org

Lors de la première semaine d'août, des films internationaux en français (sous-titrés en anglais) sont présentés au **Prytania Theatre** *(5339 Prytania St., 504-891-2787).*

Septembre

Southern Decadence

www.southerndecadence.net

Surnommé le *Mardi Gras Gay*, Southern Decadence se tient pendant la fin de semaine de la fête du Travail. Ce festival déjanté célèbre la culture LGBT à travers différentes activités pour adultes consentants. Le dimanche, un défilé coloré parcourt les rues de la ville.

French Quarter Festival.

Octobre

New Orleans Film Festival
http://neworleansfilmsociety.org

Durant une semaine à la mi-octobre, le New Orleans Film Festival, que l'on surnomme le «Cannes sur le Mississippi», accueille plus de 20 000 cinéphiles venus voir les meilleures productions récentes réalisées à travers le monde.

Voodoo Music + Arts Experience
fin oct; http://worshipthemusic.com

Ce festival de musique des plus éclatés, qui se tient pendant une fin de semaine au City Park, présente un grand nombre d'artistes musicaux. Dans les précédentes éditions, on a pu y voir Pearl Jam, Nine Inch Nails, R.E.M. et Neil Young.

Novembre

New Orleans Fringe Festival
www.nofringe.org

Le New Orleans Fringe Festival présente pendant cinq jours des créations originales de dramaturges et d'artistes contemporains. Plus de 300 performances sont alors proposées à travers la ville.

Décembre

Christmas New Orleans Style
http://fqfi.org

Le mois de décembre est l'occasion de participer à des activités en rapport avec Noël : réveillons traditionnels, chœurs chantants, concerts à la St. Louis Cathedral et illuminations de Noël dans le City Park.

La Nouvelle-Orléans pratique

Louis Armstrong Park.

index

Char allégorique du Mardi Gras.

lexique
français-anglais ↘

Bonjour	*Hello*	S'il vous plaît	*Please*
Bonsoir	*Good evening/night*	Merci	*Thank you*
Bonjour, au revoir	*Goodbye*	De rien, bienvenue	*You're welcome*
Comment ça va?	*How are you?*	Excusez-moi	*Excuse me*
Ça va bien	*I'm fine*	J'ai besoin de...	*I need...*
Oui	*Yes*	Je voudrais...	*I would like...*
Non	*No*	C'est combien?	*How much is this?*
Peut-être	*Maybe*	L'addition, s'il vous plaît	*The bill please*

Directions

Où est le/la...?	*Where is...?*	entre	*between*
Il n'y a pas de...	*There is no...,*	ici	*here*
Nous n'avons pas de...	*We have no...*	là, là-bas	*there, over there*
à côté de	*beside*	loin de	*far from*
à l'extérieur	*outside*	près de	*near*
à l'intérieur	*in, into, inside*	sur la droite	*to the right*
derrière	*behind*	sur la gauche	*to the left*
devant	*in front of*	tout droit	*straight ahead*

Le temps

après-midi	*afternoon*	avril	*April*
aujourd'hui	*today*	mai	*May*
demain	*tomorrow*	juin	*June*
heure	*hour*	juillet	*July*
hier	*yesterday*	août	*August*
jamais	*never*	septembre	*September*
jour	*day*	octobre	*October*
maintenant	*now*	novembre	*November*
matin	*morning*	décembre	*December*
minute	*minute*	nuit	*night*
mois	*month*	Quand?	*When?*
janvier	*January*	Quelle heure est-il?	*What time is it?*
février	*February*	semaine	*week*
mars	*March*	dimanche	*Sunday*

lundi	*Monday*	vendredi	*Friday*
mardi	*Tuesday*	samedi	*Saturday*
mercredi	*Wednesday*	soir	*evening*
jeudi	*Thursday*		

Au restaurant

banquette	*booth*	café	*coffee*
chaise	*chair*	dessert	*dessert*
cuisine	*kitchen*	entrée	*appetizer*
salle à manger	*dining room*	plat	*dish*
table	*table*	plat principal	*main dish / entree*
terrasse	*patio*	plats végétariens	*vegetarian dishes*
toilettes	*washroom*	soupe	*soup*
		vin	*wine*
petit déjeuner	*breakfast*		
déjeuner	*lunch*	saignant	*rare*
dîner	*dinner / supper*	à point (médium)	*medium*
		bien cuit	*well done*

Achats

appareils électroniques	*electronic equipment*	équipement photographique	*photography equipment*
artisanat	*handicrafts*	journaux	*newspapers*
boutique	*store / boutique*	librairie	*bookstore*
cadeau	*gift*	marché	*market*
carte	*map*	pharmacie	*pharmacy*
carte postale	*postcard*	supermarché	*supermarket*
centre commercial	*shopping mall*	timbres	*stamps*
chaussures	*shoes*	vêtements	*clothing*
coiffeur	*hairdresser / barber*		
équipement informatique	*computer equipment*		

Pour mieux échanger avec les Néo-Orléanais,
procurez-vous le guide de conversation
L'anglais pour mieux voyager en Amérique.

Crédits photographiques